W0064739

fragen – suchen – entdecken 1|2

Religion in der Grundschule
Ausgabe S

Herausgegeben von
Lothar Kuld und Ludwig Rendle

Illustriert von Silke Reimers

Erarbeitet von
Birgit Deckert-Rudolph, Rita Gelse, Ute Lakner,
Antonia Schlesinger und Regina Speck

Unter Rückgriff auf
„fragen – suchen – entdecken 1|2. Neuausgabe"
Herausgegeben von Barbara Ort und Ludwig Rendle
unter Mitarbeit von Rainer Oberthür
Erarbeitet von Ulrike Eurich, Anita Hofbauer,
Ludwig Sauter und Andrea Wirth

Kösel Schulbuch | Klett

fragen – suchen – entdecken 1|2
Religion in der Grundschule
Ausgabe S

Herausgegeben von
Lothar Kuld und Ludwig Rendle

Erarbeitet von
Birgit Deckert-Rudolph, Rita Gelse, Ute Lakner,
Antonia Schlesinger und Regina Speck

Zugelassen als Lehrbuch für den katholischen Religionsunterricht
an Grundschulen durch die Diözesanbischöfe von Freiburg, Mainz
(für den Diözesananteil im Bundesland Baden-Württemberg) und
Rottenburg-Stuttgart.
Zugelassen als Lehrbuch für den katholischen Religionsunterricht
an deutschsprachigen Grundschulen in Südtirol durch den
Diözesanbischof von Bozen-Brixen.

Das Werk berücksichtigt die Regeln der reformierten Rechtschreibung,
sofern nicht die Rechteinhaber einer Anpassung widersprochen haben
(S. 62).

Redaktion: Dietlind Grüne, Heidelberg
Notensatz: Michael Koch, Krefeld / Holger Jeschke, Leipzig
Umschlag: Kaselow Design, München / Rosendahl, Berlin,
unter Verwendung von Illustrationen von Silke Reimers, Mainz
Layoutkonzept: René Fink, München
Technische Umsetzung: abavo GmbH, Buchloe

www.cornelsen.de / www.oldenbourg.de
www.klett.de

1. Auflage, 1. Druck 2017
Alle Drucke dieser Auflage sind inhaltlich unverändert und können im
Unterricht nebeneinander verwendet werden.

© 2017 Cornelsen Verlag GmbH, Berlin (Kösel Schulbuch) und
Ernst Klett Verlag GmbH, Stuttgart (Programmbereich Klett-Auer)

Alle Rechte vorbehalten. Das Werk und seine Teile sind urheber-
rechtlich geschützt. Jede Verwertung in anderen als den gesetzlich
zugelassenen Fällen bedarf deshalb der vorherigen schriftlichen
Einwilligung der Verlage.
Hinweis zu den §§ 46, 52a UrhG: Weder das Werk noch seine
Teile dürfen ohne eine solche Einwilligung eingescannt und in ein
Netzwerk eingestellt oder sonst öffentlich zugänglich gemacht
werden.
Dies gilt auch für Intranets von Schulen und sonstigen
Bildungseinrichtungen.

Druck: Firmengruppe APPL, aprinta Druck, Wemding

ISBN 978-3-06-065573-1 (Cornelsen)
ISBN 978-3-12-007080-1 (Klett)
ISBN 978-88-6839-276-5 (Athesia; für den Vertrieb in Südtirol)

PEFC zertifiziert
Dieses Produkt stammt aus nachhaltig
bewirtschafteten Wäldern und kontrollierten
Quellen.
www.pefc.de

PEFC
PEFC/04-32-0928

Liebe Schülerinnen, liebe Schüler,

In eurem ersten Religionsbuch entdeckt ihr viele …

… Geschichten …

… und Bilder …

… und Lieder.

Die ersten Seiten regen euch an, eure Sinne aufmerksam zu benutzen, nach Gott und der Welt zu fragen und Geschichten aus der Bibel kennenzulernen.

Das Religionsbuch hilft euch, auf eure vielen Fragen Antworten zu suchen und interessante Lösungen zu entdecken.

Am Ende des Buches findet ihr Ideen, wie ihr selbstständig Aufgaben lösen könnt.

Viel Freude im Religionsunterricht wünschen euch die Lehrerinnen und Lehrer, die dieses Buch für euch verfasst haben.

Hallo! Ich heiße Relix und begleite euch durch das Buch.

Inhalt

5

6

7

8

9

10

11

Sehen und staunen

Ich sehe ...
Ich staune ...
Ich entdecke ...
Ich nehme wahr,
was oft übersehen wird ...

✋ Vergleiche deine Hand mit der Hand deiner Banknachbarin oder deines Banknachbarn.

💬 Sprecht darüber, was ihr entdeckt habt.

🔍 Aus einer Schale nehme ich ein Samenkorn. Ich betrachte es genauer. Welche Pflanze kann aus diesem Samenkorn wachsen, wenn ich es aussäe?

Hören und lauschen

die Ohren spitzen

sich die Ohren zuhalten

in sich hineinhören

ein offenes Ohr haben

in die Stille hören

mit dem Herzen hören

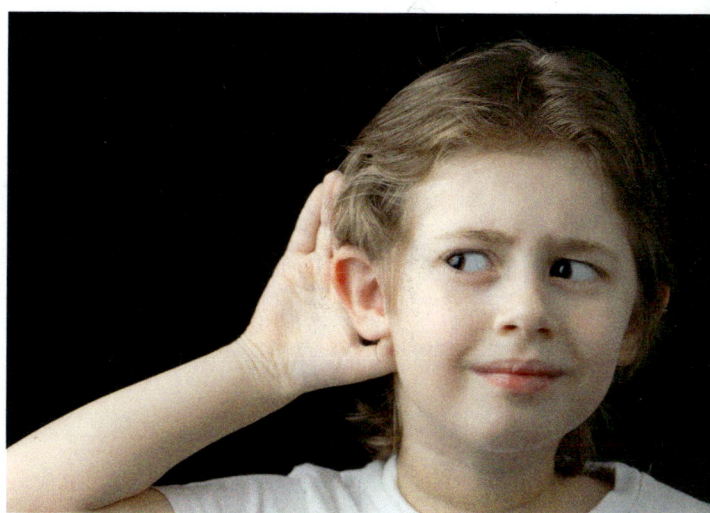

Momo konnte zuhören wie kein anderer.
Sie saß da und hörte einfach zu.
Sie konnte so zuhören,
dass sich Schüchterne plötzlich frei und mutig fühlten,
dass Unglückliche froh wurden.
Wer sich ganz klein und unwichtig vorkam,
der fühlte sich plötzlich groß und bedeutend.
So konnte Momo zuhören.

Michael Ende

- Stell dir vor, du bist Momo.
  Probiere aus, wie sie zuhört.
- Unternehmt einen „Hörspaziergang"
  durch die Schule oder im Freien:
  Schreibt auf oder malt,
  was ihr gehört habt.

- Gestaltet ein „Hör-Rätsel".
- Setze fort:
  Ich höre gern, wenn …
  Ich höre nicht gern, wenn …
  Ich überhöre gern, wenn …

Kinder fragen

Auf jede Frage folgt die nächste.

Das ist eine schwierige Frage!

Warum bin ich auf der Welt?

Die Frage kann man nicht beantworten.

Das ist eine gute Frage!

Lies die Sprechblasen. Welche passt für dich zu der Frage in der Mitte?

? Wähle eine Frage aus. Setze dich mit den Kindern zusammen, die die gleiche Frage ausgewählt haben. Tauscht euch aus.

Die Bibel – ein besonderes Buch

Spannende Geschichten!

Die Bibel erzählt von Gott.

Was steht da drin?

Jesus kommt auch vor.

🔍 Sucht, wo die beiden Bilder im Religionsbuch noch sind.

💬 Kennst du Geschichten aus der Bibel? Erzähle.

🔍 Schau dir die Bilder an. Wo entdeckst du die Bibel?

💬 Beschreibe die Bilder: Wann lesen Menschen die Bibel?

👫 Bibeln sind oft kostbar gestaltete Bücher.
Male ein Titelbild für die Bibel und verziere es.

Das kannst du im Religionsunterricht tun

Diese Zeichen helfen dir,
die Aufgaben auszusuchen
und sie zu bearbeiten.

Zu Wörtern mit einem ➤ Pfeil
findest du Anleitungen auf den
Seiten 144 bis 147.

🔍 Suche etwas im Bild oder
im Text. Schau genau!

✋ Male oder schreibe oder
gestalte.
Hier tust du etwas mit
den Händen.

🗨 Hier sprichst du.
Oder du besprichst etwas
mit anderen.

👪 Tu etwas mit der Gruppe.

❓ Besprecht eine Frage.
Bei manchen Fragen muss
man immer weiter fragen.

🕯 Hier kannst du still werden,
beten, feiern.

★ Hier kannst du etwas
Besonderes für dich selbst
gestalten.

Aha, das bedeuten
die blauen Zeichen.

Unsere Reli-Gruppe

🔍 Sucht zu zweit: Was ist auf dem rechten Bild anders?

💬 Zähle auf: Was ist in deinem Religionsunterricht anders?

Reli-Unterricht

Familie · Jesus · Glück
Freunde · Ostern
Angst · Gott

? Tauscht euch aus: Was wollt ihr
im Religionsunterricht erfahren?

Worauf freust
du dich?

Das bin ich! – Wer seid ihr?

Male ein Bild: Das bin ich.

Zähle auf: Das sehe ich, wenn ich in den Spiegel schaue.

Beschreibe: Was gehört zu mir, was man nicht sehen kann?

Was machst du gerne? Spiele es vor, ohne zu sprechen. Lass die anderen raten.

🔍 Schau dir die Bilder an, die die
Kinder oben gemalt haben.

❓ Welche Bilder passen zu dir?
Welche Bilder passen zu
Kindern in deiner Klasse?
Sprecht miteinander darüber.

💬 Schließe die Augen.
Beschreibe:
So sieht mein Banknachbar,
meine Banknachbarin aus.

Wir alle – von Gott angenommen

*Ob ich gehe oder ruhe,
es ist dir bekannt.
Du, Gott, legst deine
Hand auf mich.*

Nach Psalm 139

Zähle auf: Wer kümmert sich um mich?

Besprecht: Wie sorgt ihr füreinander in der Familie? Wer übernimmt Aufgaben in unserer Schule?

Gestaltet gemeinsam ein Plakat: Für wen ist Gott da?

Leg deine Hand auf die Schulter deiner Nachbarin, deines Nachbarn. Singt gemeinsam den Liedvers.

Und Gott schuf den Menschen
nach seinem Bild.
Als Mann und Frau schuf er sie.
Und Gott segnete sie.

Nach Genesis 1,27

Ich danke dir,
dass du mich
so wunderbar
gestaltet hast.

Nach Psalm 139

Du sei bei uns

T: Thomas Laubach / M: Thomas Quast
© tvd-Verlag, Düsseldorf

1./2. Du sei bei uns in uns-rer Mit - te,

(1.) sei du bei uns, Gott.
(2.) hö - re du uns, Gott.

Nachdenken – mitfühlen – handeln

✋ Zeichne deine Hand auf ein Papier. Schneide den Umriss aus. Schreibe deinen Namen und deine Hobbys hinein.

✋ Klebt alle Hände auf ein Plakat. Findet eine Überschrift.

? Besprecht: Was sagt das Bild über eure Klasse aus?

> Ich heiße Relix und ich mag R…

★ Stelle ein Namensschild für deinen Platz in der Schule her. Gestalte dabei deinen Namen auf besondere Weise.

💬 Ein Namensspiel: Ich heiße Anton und mag Ananas. – Ich heiße Julia und mag Joghurt.

Ich bin gefragt ....

- Das habe ich verstanden und neu gelernt.
- Das hat mir besonders gefallen.
- Dazu möchte ich noch mehr wissen oder etwas gestalten.

Mit allen Sinnen erfahren

🔍 Schau dir das Bild an. Erzähle: Was siehst du?

🔍 Suche dir ein Kind auf dem Bild aus: Was sieht es, hört es, spürt es?

? Stell dir vor, du stehst auch auf einer Wiese. Was hörst du? Was riechst du? Was möchtest du gerne machen? Tausche dich mit anderen Kindern aus.

✋ Untersuche mit einer Lupe einen Grashalm, ein Blütenblatt, einen Stein, ...
Zeigt einander, was ihr entdeckt habt.

Über den Anfang der Welt nachdenken

Naturwissenschaftler erforschen das Weltall,
die Erde, das Leben.

Wie entstand die Welt?
Was war am Anfang?

Woher kommen die Menschen?
Wer hat sich das alles ausgedacht?

○ Tauscht euch aus:
Was wisst ihr über die
Entstehung der Welt?

? Sucht Informationen über den Beginn
unserer Welt. Wen könnt ihr fragen?

✋ Sammelt euer Wissen auf einem Plakat.

Die Menschen in der Bibel loben Gott
für die Größe und Schönheit der Welt.

Das Loblied von der Schöpfung   Nach Genesis 1

*Im Anfang schuf Gott
Himmel und Erde,
die ganze Welt.*

*Gott sprach: Es werde Licht,
und es wurde Licht.
Und Gott sah, dass es gut war.*

*Gott sprach: Ein Gewölbe soll
entstehen, der blaue Himmel.
Und Gott sah, dass es gut war.*

*Gott sprach: Das Wasser fließe
ab, und das Land lasse Pflanzen
und Bäume wachsen.
Und Gott sah, dass es gut war.*

*Gott sprach: Lichter sollen
leuchten: Sonne, Mond und Sterne.
Und Gott sah, dass es gut war.*

*Gott sprach: Das Wasser wimmle
von Fischen, und Vögel sollen in
der Luft fliegen.
Und Gott sah, dass es gut war.*

*Gott sprach: Tiere sollen auf der
Erde leben. Menschen sollen auf
der Erde leben, Mann und Frau.
Und Gott sah, dass es gut war.*

*Gott beendete sein Werk.
Und Gott sah: Es war sehr gut.*

🖐 Begleitet das Schöpfungslied mit
Instrumenten.

🖐 Gestaltet die Strophen mit Legematerial.

Gott sah, dass
es gut war.

Gott danken und Gott bitten

Herr, mein Gott, wie groß bist du!
Du lässt die Quellen sprudeln!
Allen Tieren des Feldes spenden sie Trank.
An den Ufern wohnen die Vögel des Himmels.
Aus den Zweigen erklingt ihr Gesang.
Herr, wie zahlreich sind deine Werke!
Mit Weisheit hast du sie alle gemacht.
Die Erde ist voll von deinen Geschöpfen.

Nach Psalm 104

Du hast uns deine Welt geschenkt

T: Rolf Krenzer / M: Detlev Jöcker
© Menschenkinder Verlag, Münster

1. Du hast uns dei-ne Welt ge-schenkt, den Him - mel, die Er-de. Du

hast uns dei-ne Welt ge- schenkt. Herr, wir dan-ken dir.

2. Du hast uns deine Welt geschenkt: die Länder, die Meere.
   Du hast uns deine Welt geschenkt. Herr, wir danken dir.

3. ... die Sonne, die Sterne ...
4. ... die Berge, die Täler ...
5. ... die Blumen, die Bäume ...

6. ... die Vögel, die Fische ...
7. ... die Tiere, die Menschen ...
8. ... Du gabst mir das Leben ...

9. Du hast uns deine Welt geschenkt: Du gabst uns das Leben.
   Du hast uns deine Welt geschenkt. Herr, wir danken dir.

🔍 Schaut euch die Fotos an.

💬 Suche dir ein Foto aus.
Stelle es der Klasse vor.
Begründe, warum du
gerade dieses Foto ausgewählt
hast.

❓ Tauscht euch aus:
Wo ist die Welt gefährdet?

💬 Ergänzt die Sätze:
Mir gefällt an der Welt, dass ...
Es macht mich traurig, dass ...
Darüber freue ich mich: ...

Auf Gottes Welt achten

JANUAR

Erkundigt euch, wann ihr Vögel füttern sollt. Was müsst ihr dabei beachten?

FEBRUAR

Beobachtet den Sternenhimmel. Besorgt euch eine Sternkarte.

MÄRZ

Welche Pflanzen blühen, bevor sie Blätter haben?

JULI

Macht aus frischem Brot, Käse und Gemüse bunte Pausenspieße!

AUGUST

Ferien

SEPTEMBER

Welches Obst und welche Früchte werden jetzt geerntet?

✋ Gestaltet einen eigenen Kalender.
Tragt ein: Das habe ich beobachtet.
Das habe ich getan.

🖍 Feiert ein Erntedank-Fest.

APRIL

Fragt nach, woher
die Eier kommen.
Erkundigt euch,
wie die Hühner
gehalten werden.

MAI

Beobachtet Vögel
und hört
auf ihren Gesang.

JUNI

Sammelt Materialien
wie Gräser, Steine,
Rinden und legt damit
einen Weg.
Geht langsam, barfuß,
mit geschlossenen Augen
über diesen Weg
(Fühlstraße).

OKTOBER

Sammelt bunte
Blätter und
presst sie!

NOVEMBER

Baut ein
Winterquartier für
Marienkäfer.

DEZEMBER

Besorgt Barbarazweige.
Erkundigt euch, wie ihr
sie pflegen müsst,
damit sie blühen.

Singt das Lied von Seite 26:
„Du hast uns deine Welt geschenkt".
Findet noch weitere Strophen.

❓ Besprecht: Was ist wertvoll
für euch in Gottes Welt?
Was braucht Schutz?

Ich tu, was ich kann:

Ich kann Wasser einsparen. Wo? Wann? Wie?

Ich sorge zu Hause, in der Schule, bei der Oma ... für die Zimmerpflanzen. Was muss ich beachten?

Einige Wege kann ich auch schon zu Fuß gehen, anstatt mich fahren zu lassen.

Ich trenne Müll.

Ich kann auf Menschen achten, zum Beispiel einen kranken Mitschüler besuchen.

- Findet gemeinsam weitere Ideen für die Pinnwand.
- Gestaltet mit Natur-materialien ein Bild.

- Schau dir das Foto auf Seite 21 an. Was fällt dir auf? Beschreibe, was du siehst.
- Malt auf eine große Plakatrolle einen Fluss. Gestaltet entlang des Flusses alles, was es dort gibt.

Ich bin gefragt

- Das habe ich verstanden und neu gelernt.
- Das hat mir besonders gefallen.
- Dazu möchte ich noch mehr wissen oder etwas gestalten.

Nach Gott fragen

Wo wohnt Gott?

Warum kann man Gott nicht sehen?

Warum lässt Gott zu, dass Menschen traurig sind?

Hat Gott die Welt gemacht?

Wann habe ich Gott schon gespürt?

Kennt mich Gott?

Warum glauben Menschen an Gott?

Gibt es Gott?

Ist Gott wirklich überall?

Lest die Fragen der Kinder im Fragezeichen. Sucht gemeinsam nach Antworten.

? Denk nach: Welche Fragen hast du?

Was wir nicht messen und nicht zählen können

Was wir zählen und messen können
Wie viele Kinder in unserer Klasse sind.
Wie viele Fenster unser Haus hat.
Wie schnell ein Flugzeug fliegt.
Wie tief das Meer ist.
Wie schwer ein Stein ist.
Wie lang eine Straße ist.
Wie hoch die Wolken sind.

Was wir nicht zählen und messen können
Wie viel Liebe in einem Kuss ist,
den die Mutter dem Kinde gibt.
Wie viel Angst einer hat, wenn er allein ist.
Was ein gutes Wort wiegt.
Wie teuer ein guter Freund ist.
Wie schwer es ist, wenn uns keiner mag.
Wie tief eine Lüge uns verletzen kann.
Wie groß eine Freude sein kann.

Wonach wir fragen, das ist ein Geheimnis.
Wir können es nicht messen mit einem Metermaß.
Wir können es nicht wiegen mit einer Waage.
Wir können es nicht ausrechnen mit einer Rechenmaschine.

Günther Weber

 Macht eigene Experimente: Was könnt ihr noch messen, wiegen oder zählen? Und was nicht?

Sich Gott vorstellen

Wie ist Gott?

T: Michael Landgraf / M: Reinhard Horn
© Kontakte Musikverlag, Lippstadt

D   A/D D   G/D A/D D   G   D

Wie ist Gott?   Wie ist Gott?   Wo wohnt er?

e   A   G   D

Ü – berm Wol – ken – meer?   Kann er mich sehn?

G   D   e   D/Fis

Und auch ver-stehn?   Hört er mir zu?   O – der

G   A   G/H D/A   G   D/Fis

will er sei-ne Ruh?   Hilft er dir?   Und auch mir?

e   D/Fis   G A D

Wie ist Gott, sag mir, wie ist Gott?

❓ Wie stellst du dir Gott vor? Beende den Satz: „Gott ist für mich wie …"

✋ Male dazu ein Bild oder knete eine Form oder erfinde eine Melodie.

💬 Erklärt eure Vorstellungen der Klasse. Dazwischen könnt ihr immer wieder das Lied singen.

„Erfüllt Gott meine Wünsche, wenn ich viel bete?"

Amelie sagt: Gott ist im Herzen.
Leo sagt: Gott ist überall.
Jonas sagt: Gott ist im Himmel.
Paul sagt: Gott ist in der Kirche.
Julia sagt: Ich habe Gott noch
nicht gesehen.

Niemand weiß, wie Gott
wirklich aussieht, und dann
kann man sich den ganz
verschieden vorstellen.

Ina

Gott ist wie eine große Wolke.
Man kann ihn nicht sehen.
Er ist da und auch nicht da.

Niklas

🔍 Betrachte die Bilder und lies
die Aussagen. Was sagst du?

❓ Lena fragt: Kann ich mir Gott
auch als Frau vorstellen?
Antworte ihr.

❓ Frage Mitschülerinnen und
Mitschüler einer anderen
Religion oder führe ein Interview
mit Menschen außerhalb der
Schule: „Wer ist Gott für dich?"

Gott ist für mich wie eine Mutter, die ihr Kind tröstet – wie ein liebevoller Vater – wie die Kraft der ... – wie der weite Himmel – wie eine sichere ... – wie die Größe des Weltalls – wie Sonnenstrahlen nach der dunklen Nacht – wie eine ... – wie die Luft, die mich umgibt – wie ... – wie das Rauschen des ... – die mich mag – die mich beschützt – wie eine ...

Wie ein Licht bist du

T: Michael Landgraf / M: Reinhard Horn
© Kontakte Musikverlag, Lippstadt

1. Wie ein Licht bist du, wie die Son - ne bist du, _ machst uns
   Burg bist du, wie ein Schirm bist _ du, _ gibt uns

hell, _ im-mer-zu. Lie-ber Gott, so bist du. Wie ei-ne
Schutz, im-mer-zu. Lie-ber Gott, so bist

du. Du kannst so vie-les sein, das wir spü-ren o-der

sehn, du lässt uns nie al - lein, _ wirst im-mer mit uns gehn.

2. Wie ein Hirte bist du,
   wie ein König bist du,
   du passt auf, immerzu.
   Lieber Gott, so bist du.
   Wie der Wind bist du,
   wie die Luft bist du,
   bist um uns, immerzu.
   Lieber Gott, so bist du.

3. Wie das Wasser bist du,
   wie das Brot bist du,
   du versorgst uns, immerzu.
   Lieber Gott, so bist du.
   Wie ein Felsen bist du,
   wie ein Baum bist du,
   gibst uns Halt, immerzu.
   Lieber Gott, so bist du.

🔍 Finde in der Spirale und im Lied
die Bilder, die etwas über Gott sagen.
Welches ist dein Lieblingsbild?

An deinem Bild gefallen mir die Farben für Gott besonders gut.

So stelle ich mir Gott jetzt vor.

Ich habe Gott noch nicht gesehen.

Ich finde es interessant, wie du dir Gott vorstellst.

✋ Lese und schreibe weiter:
Wenn Gott eine Farbe wäre,
dann ...
Wenn Gott ein Klang wäre, dann ...
Wenn Gott ein Wort wäre, dann ...
Wenn Gott ein Duft wäre, dann ...
Wenn Gott eine Form wäre, dann ...
Wenn Gott ...

💬 Besprecht: Was sagt der Maler mit seinem Bild auf Seite 31 über Gott?

✏ Probiert aus: Aufrecht sitzen, die Hände geöffnet auf die Oberschenkel legen.
Ruhig ein- und ausatmen.
Die Stille aushalten.
Ich bin gehalten.

⭐ Pause das Bild von Seite 31 auf durchsichtiges Papier ab. Male es weiter oder verändere es so, dass deine Vorstellung von Gott auch darin vorkommt.

Ich bin gefragt ....

- Das habe ich verstanden und neu gelernt.
- Das hat mir besonders gefallen.
- Dazu möchte ich noch mehr wissen oder etwas gestalten.

Geborgen sein – einander vertrauen

💬 Erzähle zu den Bildern eine Geschichte.

👫 Lass dich von den anderen in einem Tuch tragen.

💬 Erzähle, was du dabei erlebt und gefühlt hast.

Wem kann ich ein Geheimnis erzählen?

Wer tröstet mich, wenn ich traurig bin?

Wen habe ich besonders gern?

Bei wem fühle ich mich sicher?

Wem vertraue ich?

Wer ist mein bester Freund, meine beste Freundin?

Was antwortest du auf die Fragen der Kinder? Tauscht euch aus.

Zu welchen Situationen passt das Lied? Spielt sie den anderen vor.

★ Schreibe jemandem, dem du vertraust, einen Brief.

Das wünsch ich sehr

T: Kurt Rose / M: Detlev Jöcker
© Menschenkinder Verlag, Münster

Kanon

1. B   C   F   2. B   C   F
Das wünsch ich sehr, dass im-mer ei-ner bei mir wär,

3. B   C   F   4. B   C   F
der lacht und spricht: Fürch - te dich nicht.

Abraham und Sara vertrauen auf Gott

Abraham lebt mit seiner Frau Sara und seiner ganzen Verwandtschaft in Haran.
Eines Tages hört er die Stimme Gottes:
„Zieh fort aus deinem Land.
Zieh fort von deinen Verwandten.
Zieh in ein Land, das ich dir zeigen werde.
Ich werde dich segnen.
Ich werde die Menschen segnen, die dich segnen.
Du wirst für sie ein Segen sein."

Da macht Abraham sich auf den Weg. Er geht fort von Haran.
Mit ihm ziehen seine Frau, sein Neffe Lot, seine Knechte und Mägde und seine Herden.
Sie kommen in das Land Kanaan.
Wieder hört Abraham die Stimme Gottes:
„Deine Nachkommen werden in diesem Land leben."
Da baut Abraham einen Altar und betet zu Gott.

Nach Genesis 12

Abraham

T: Diethard Zils © Bosse Verlag, Kassel
M: Wim ter Burg © Verlag G. F. Callenbach, Nijkerk, Holland

Kehrvers: A - bra - ham, A - bra - ham, ver - lass dein Land und

dei - nen Stamm! dei - nen Stamm! 1. Mach dich auf die

lan - ge Rei - se in ein Land, das ich dir wei - se.

Du sollst ge-gen al - len Schein Va - ter mei - nes Vol - kes sein.

2. Abraham, Abraham, verlass
dein Land und deinen Stamm.
Ich versprech dir meinen Segen,
bin mit dir auf allen Wegen,
alle Menschen groß und klein
soll'n in dir gesegnet sein.

3. Abraham, Abraham, verlässt sein
Land und seinen Stamm.
Auf das Wort hin will er's wagen,
ohne Klagen, ohne Fragen
steht er auf und zieht er fort,
Richtung zeigt ihm Gottes Wort.

Abraham gehen viele Gedanken durch den Kopf. Er spricht mit Sara. Spielt das Gespräch.

Male oder schreibe: Was braucht Abraham auf seinem Weg?

Gott verspricht Abraham: „Ich segne dich." Überlegt: Was bedeutet das für Abraham?

Gott segnet Abraham. Wünscht einander ebenfalls den Segen Gottes.
Verwendet dazu die Sätze:
„Gott segne dich!"
„Gott sei bei dir!"
„Gott begleite dich!"
Findet eine passende Geste.

Gott hält sein Versprechen

Abraham sitzt am Eingang des
Zeltes bei den Eichen von Mamre.
Es ist Mittag und sehr heiß.
Da sieht er drei Männer.
Er läuft ihnen entgegen und sagt:
„Geht nicht an mir vorüber.
Ich lasse euch Wasser holen.
Dann könnt ihr eure Füße
waschen. Ruht euch im Schatten
des Baumes aus.
Ich will etwas Brot holen.
Ihr könnt euch stärken und dann
weiterziehen."

Abraham läuft zu seiner Frau.
Sie hat alles vorbereitet.
Und Abraham bedient
die Gäste.

Da sagt einer der drei Männer:
„Gott wird sein Versprechen halten.
In einem Jahr komme ich wieder.
Dann wird deine Frau Sara
einen Sohn haben."
Abraham und Sara haben
keine Kinder.
Sara hört heimlich zu.
Sie lacht und denkt:
Ich bin doch zu alt, um ein Kind
zu bekommen.

Dann erheben sich die Männer
und Abraham verabschiedet sie.

Nach einem Jahr bekommt
Sara einen Sohn.
Sie nennen ihn Isaak.

Nach Genesis 18,1–17

👫 Findet Geräusche und Klänge
zu der Geschichte.

🔎 Schaut das Bild auf Seite 39 an.
Wie stellt der Maler Gott dar?

💬 Beschreibe, was auf dem Bild
rechts zu sehen ist.
Wen glaubst du zu erkennen?
Finde einen Titel für dieses Bild.

Weißt du, wie's mit Josef war?

T/M: Robert Haas
© Robert Haas Musikverlag, Kempten

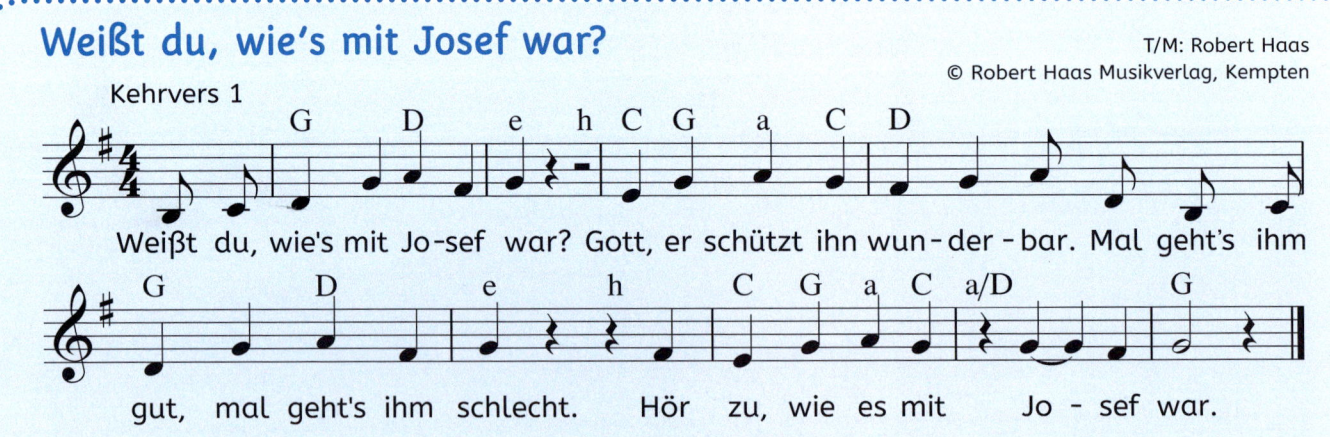

Kehrvers 1

G D e h C G a C D

Weißt du, wie's mit Jo-sef war? Gott, er schützt ihn wun-der-bar. Mal geht's ihm

G D e h C G a C a/D G

gut, mal geht's ihm schlecht. Hör zu, wie es mit Jo – sef war.

Im Land Kanaan lebt Josef mit seinem Vater Jakob und mit seinen elf Brüdern.
Der Vater liebt Josef besonders. Er schenkt ihm ein schönes buntes Gewand, wie es nur Prinzen tragen. Die Brüder merken, dass der Vater Josef mehr liebt als sie.

Deshalb hassen sie Josef und können nicht mehr freundlich zu ihm sein.
Josef erzählt ihnen auch seine Träume: Sonne, Mond und elf Sterne verneigen sich vor ihm. Da hassen sie ihn noch mehr.

Nach Genesis 37,1–11

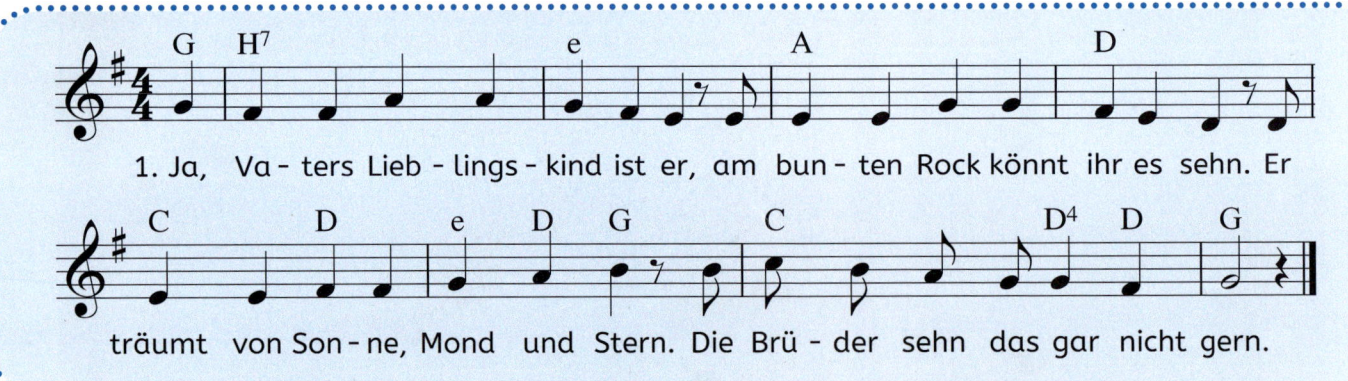

G H⁷ e A D

1. Ja, Va-ters Lieb-lings-kind ist er, am bun-ten Rock könnt ihr es sehn. Er

C D e D G C D⁴ D G

träumt von Son-ne, Mond und Stern. Die Brü-der sehn das gar nicht gern.

✋ Gestalte zu den Geschichten von Josef ein ► Lapbook.

 Spielt die Geschichte, zum Beispiel mit ► Knotenfiguren.

für Thomas Mann ✳

Joseph der
Träumer
6. VI.

Josef kommt nach Ägypten

Eines Tages besucht Josef seine Brüder. Sie hüten ihre Tiere auf der Weide. Sie sagen zueinander: „Da kommt er, dieser Träumer! Wir wollen ihn umbringen." Sie ziehen ihm sein Gewand aus und werfen ihn in eine Zisterne. Als eine Karawane kommt, verkaufen sie ihn. So kommt Josef nach Ägypten. Die Brüder beschmieren Josefs Gewand mit dem Blut einer Ziege und lassen es zu ihrem Vater bringen.

Da schreit der Vater: „Das Gewand meines Sohnes! Ein wildes Tier hat ihn gefressen!" Niemand kann ihn trösten. Die Kaufleute verkaufen Josef in Ägypten an Potifar. Er wird sein Sklave. Alles, was Josef arbeitet, gelingt ihm. Darum vertraut Potifar ihm sein Haus und seine Felder an. Doch eines Tages wird Josef ungerecht beschuldigt. Da lässt Potifar ihn voll Zorn ins Gefängnis werfen.

Nach Genesis 37–39

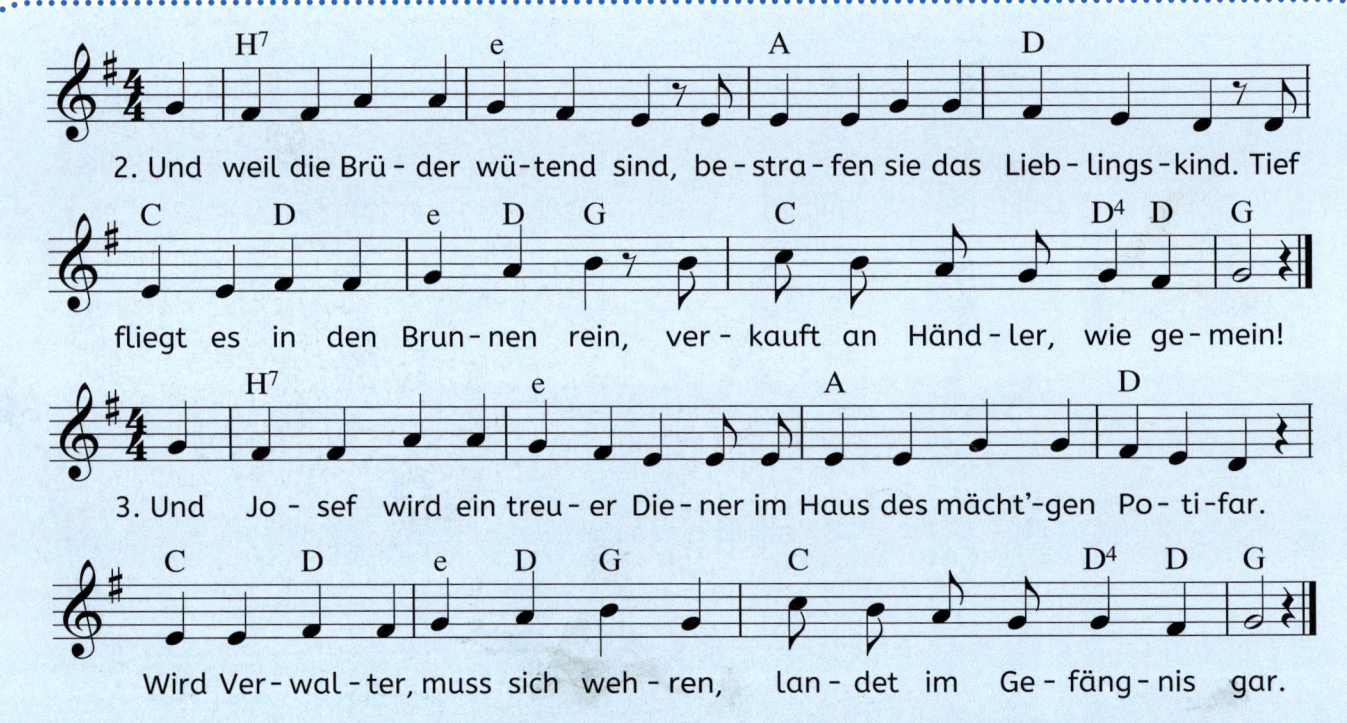

2. Und weil die Brü - der wü - tend sind, be - stra - fen sie das Lieb - lings - kind. Tief fliegt es in den Brun - nen rein, ver - kauft an Händ - ler, wie ge - mein!

3. Und Jo - sef wird ein treu - er Die - ner im Haus des mächt'-gen Po - ti - far. Wird Ver - wal - ter, muss sich weh - ren, lan - det im Ge - fäng - nis gar.

Sprich aus:
Was denkt,
fühlt und fragt
Josef tief im
Brunnen?
Zeige dies mit
deiner
Körperhaltung.

Josef wird Stellvertreter des Pharao

Auch im Gefängnis ist Gott mit Josef. Alles, was Josef arbeitet, lässt Gott gelingen. Der Gefängnisleiter vertraut ihm alle Gefangenen an. Josef legt die Träume der Gefangenen aus. So wird er als Traumdeuter bekannt. Eines Tages hat der Pharao, der König von Ägypten, einen Traum:

*Sieben schöne fette Kühe
steigen aus dem grünen Nil.
Sieben klapperdürre Kühe
fressen sie mit Stumpf und Stiel.
Nur noch die mageren stehn im Gras.
Pharao, was bedeutet das?*

*Sieben volle, goldne Ähren
schwanken hin und her im Wind.
Sieben klapperdürre Ähren
fressen die dicken Ähren geschwind.
Nur noch die magern sind zu sehn.
Pharao, Pharao, was wird geschehn?*

Die weisen Männer des Landes können die Träume nicht deuten. Da erinnert sich ein Diener an Josef. Schnell lässt der Pharao ihn aus dem Gefängnis holen. Josef sagt: „Mit Gottes Hilfe will ich dem Pharao die Träume deuten. Sieben Jahre wird großer Überfluss im Land sein. Dann aber werden sieben Jahre kommen, in denen großer Hunger herrscht."
Der Pharao ist vom Geist Gottes beeindruckt, den er in Josefs Worten erkennt. Er macht ihn zum zweiten Mann über Ägypten. In den sieben Jahren mit reicher Ernte sammelt Josef das Getreide. In den sieben Jahren der Not teilt er das Getreide an die hungernden Menschen aus.

Nach Genesis 39–41

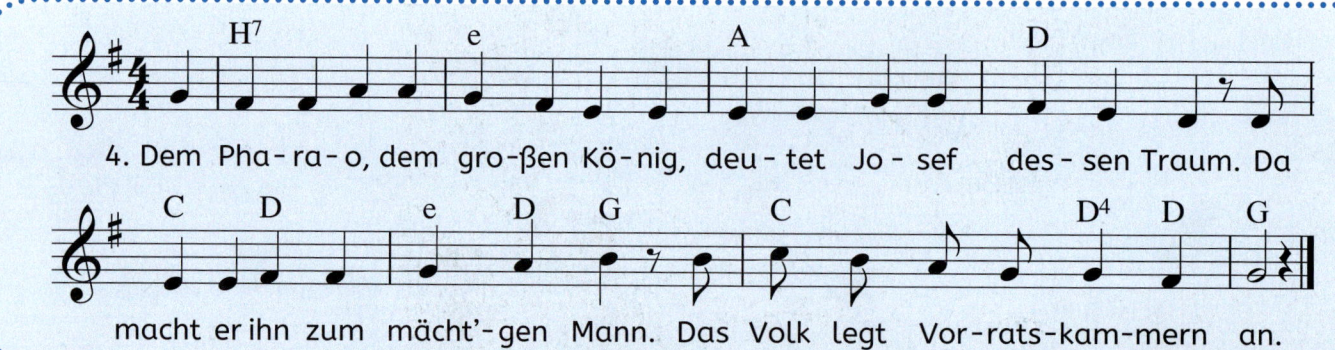

4. Dem Pha-ra-o, dem gro-ßen Kö-nig, deu-tet Jo-sef des-sen Traum. Da macht er ihn zum mächt'-gen Mann. Das Volk legt Vor-rats-kam-mern an.

Detektivarbeit: Wie zeigt der Maler im Bild, dass Gott mit Josef ist? Entdeckst du diesen Hinweis auch auf den anderen Josefsbildern?

Josefs Brüder kommen nach Ägypten

Auch in Kanaan herrscht große Hungersnot. Jakob sagt zu seinen Söhnen: „Geht und kauft Getreide, damit wir nicht verhungern müssen." So kommen die Brüder zu Josef. Sie werfen sich vor ihm nieder. Josef erkennt seine Brüder. Sie aber erkennen ihn nicht. Er sagt zu ihnen: „Spione seid ihr!" Und er wirft sie ins Gefängnis. Nach drei Tagen lässt er sie wieder frei und sie kehren mit dem Getreide heim. Als die Hungersnot noch größer wird, ziehen die Brüder ein zweites Mal nach Ägypten.

Da lädt Josef sie zu einem Festessen ein. Josef gibt sich zu erkennen. Er weint vor Freude und sagt: „Ich bin Josef, euer Bruder, den ihr nach Ägypten verkauft habt. Lebt mein Vater noch? Habt keine Angst! Um das Leben vieler Menschen zu retten, hat Gott mich hierhergeschickt. Ihr habt mir Böses getan, aber Gott hat alles zum Guten gewendet."

Nach Genesis 42–50

5. In Jakobs Land herrscht große Not, auch Josefs Brüder brauchen Brot. So betteln sie vor Josefs Thron und merken nichts, doch Josef schon! Kv. 1

6. Da zeigt sich Josef als ihr Bruder, teilt mit ihnen und verzeiht. Sie gehn, Gott lobend, ganz geschwind und bringen Jakob zu dem Kind. Kv. 2

Das Bild auf der nächsten Seite zeigt, dass Josef und seine Brüder sich versöhnen. Finde Worte und Gesten dazu.

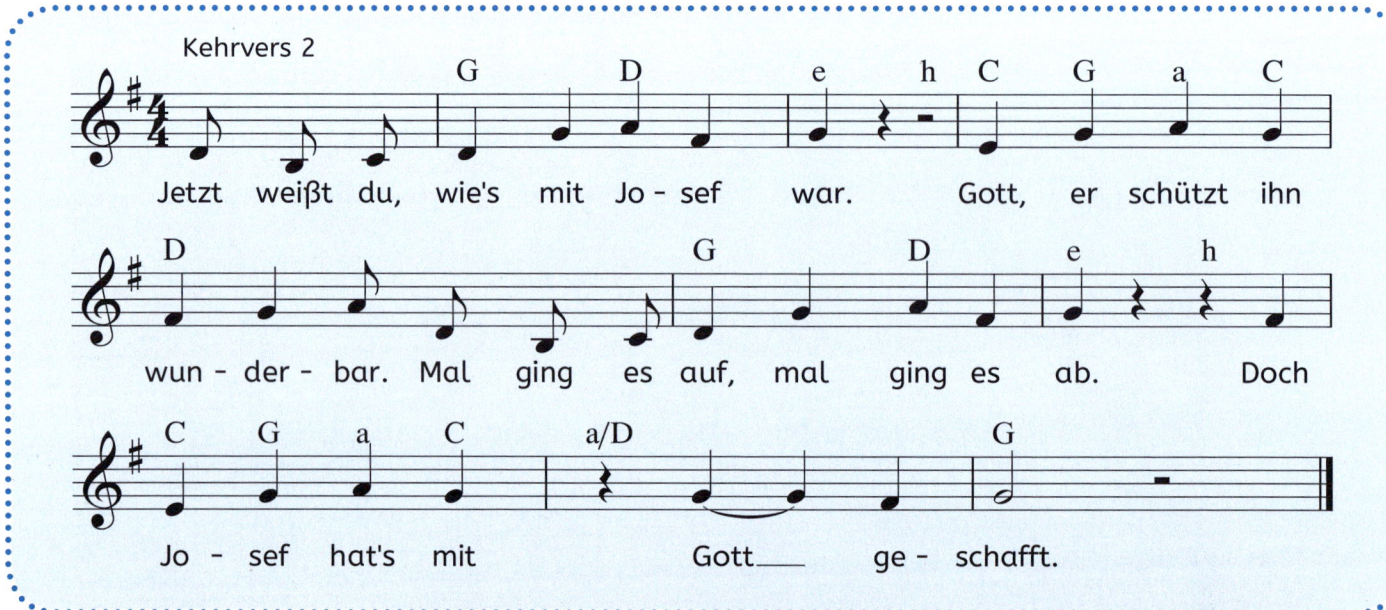

Kehrvers 2

Jetzt weißt du, wie's mit Jo-sef war. Gott, er schützt ihn

wun-der-bar. Mal ging es auf, mal ging es ab. Doch

Jo-sef hat's mit Gott_ ge-schafft.

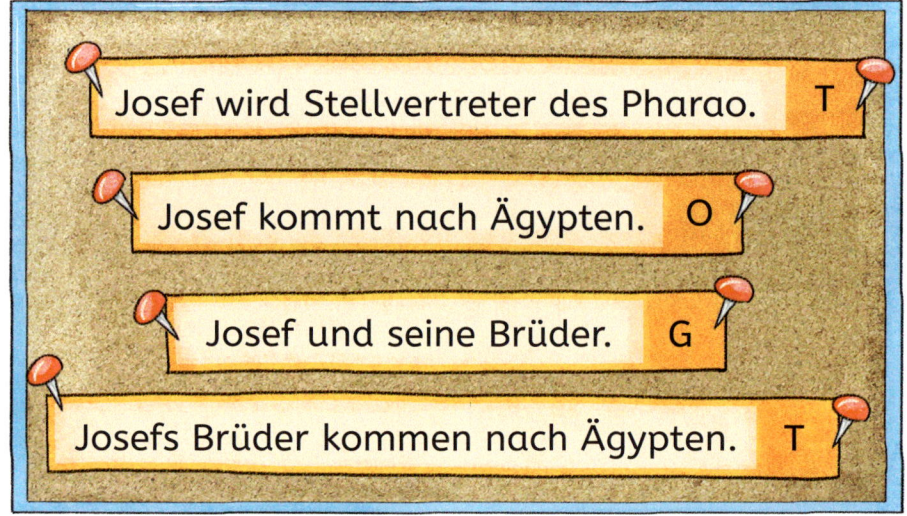

Josef wird Stellvertreter des Pharao. **T**

Josef kommt nach Ägypten. **O**

Josef und seine Brüder. **G**

Josefs Brüder kommen nach Ägypten. **T**

✋ Bringe die Überschriften in die richtige Reihenfolge. Notiere das Lösungswort.

👫 „Mal ging es auf, mal ging es ab." Singt das ganze Josefslied. Zeigt mit erhobenen oder gesenkten Händen, wann es mit Josef auf oder ab geht.

👫 Wähle einen Satz aus. Erzähle oder spiele dazu ein eigenes Erlebnis.

💬 Wo könnte dein Satz in der Geschichte von Josef vorkommen? Erzähle diesen Teil der Geschichte.

⭐ Finde einen Mutmachsatz in der Josefsgeschichte. Schreibe ihn ab. Lege deinen Satz in eine Schachtel. Gestalte sie schön.

Geh mit uns

T: Norbert Weidinger, Rechte beim Urheber / M: Ludger Edelkötter © KiMu Kinder Musik Verlag, Darmstadt

Geh mit uns auf un – serm Weg, geh mit uns auf un – serm Weg.

streiten

gefangen sein

tot sein

Angst haben

verzweifelt sein

frei sein

hoffen

vertrauen

lebendig sein

sich versöhnen

Suche die beiden Wörter, die zusammengehören.

Wähle ein Wortpaar und stelle es dar.

Finde in der Geschichte von Josef ein Beispiel dazu.

Finde in der Geschichte von Abraham ein Beispiel dazu.

? Besprecht: Gott ist bei Abraham, bei Josef – und bei uns?

Ich bin gefragt

- Das habe ich verstanden und neu gelernt.
- Das hat mir besonders gefallen.
- Dazu möchte ich noch mehr wissen oder etwas gestalten.

Ich habe bald Geburtstag.

O Gott, dir kann ich vertrauen in jedem Kummer.

muslimisch

Ich habe in der Schule schon viel gelernt.

Ich kann mit meiner Flöte Lieder spielen.

Ich danke dir, dass du mich so wunderbar geschaffen hast.

Psalm 139,14

🔍 Zu manchen Sätzen in den Luftballons passen die Gebete auf dieser Seite. Ordne sie zu.

Ich werde ausgelacht.

Wie wunderbar hast du alles gemacht.

Psalm 104,24

Es gibt oft Streit zwischen mir und meiner Schwester.

Bitte bleib nicht fern, du kannst mich stärken.

Psalm 22,20

Mein Bein tut weh.

Ich klage wie ein einsamer Vogel auf dem Dach.

Psalm 102,8

★ Was sagst du Gott? Schreibe oder male es auf einen eigenen Luftballon. Welches Gebet passt dazu?

Wie ich beten kann

Wenn ich bete

T: Michael Landgraf / M: Reinhard Horn
© Kontakte Musikverlag, Lippstadt

1. Wenn ich be-te, zu Gott be-te, kann ich sit-zen o-der ste-hen,
kni-en o-der ge-hen, kann um Wor-te rin-gen
o-der Lie-der sin-gen. Wenn ich be-te – zu Gott.

2. Wenn ich bete, zu Gott bete,
kann ich weinen und auch lachen,
mir Gedanken machen,
kann ich ihm auch danken
oder Ruhe tanken.
Wenn ich bete – zu Gott.

3. Wenn ich bete, zu Gott bete,
kann ich ihm ja alles sagen,
wo Sorgen mich so plagen,
wo ich mich freue
oder was bereue.
Wenn ich bete – zu Gott.

✋ Probiere die Haltungen der Kinder aus.

🖍 Welche Haltung passt für dich,
wenn du Gott lobst,
wenn du Gott dankst,
wenn du Gott um etwas bittest,
wenn du Gott dein Leid klagst?

Der Herr ist mein Hirte.
Nichts wird mir fehlen.

Er lässt mich lagern auf grünen Auen.
Er führt mich zum Ruheplatz am Wasser.
Er leitet mich auf rechten Pfaden.

Der Herr ist mein Hirte.
Nichts wird mir fehlen.

Muss ich auch wandern in finsterer Schlucht,
ich fürchte kein Unheil.
Du bist bei mir.

Der Herr ist mein Hirte.
Nichts wird mir fehlen.

Aus Psalm 23

Ich erfinde eine Melodie zu den ersten beiden Zeilen.

? Überlegt: Was könnte jemand erlebt haben, der so spricht?

Gestaltet ein Memo-Spiel zu Psalm 23. Schreibt jeden Satz auf eine Karte, malt zu jedem Satz ein Bild.

Schreibe den Psalm weiter.

Nachdenken – mitfühlen – handeln

Wir haben ein Dach
und Brot im Fach
und Wasser im Haus,
da hält man's aus.

Und wir haben es warm
und haben ein Bett.
O Gott, daß doch jeder
das alles hätt'!

Reiner Kunze

Ergänze das Gedicht. Du kannst danken, loben, bitten, klagen.

Suche dir eine Tageszeit aus: den Morgen, den Mittag oder den Abend: Wie kannst du beten?

Sucht weitere Gebete oder verfasst sie selbst.
Sammelt eure Gebete in einem Klassengebetbuch.

Schaut das Bild auf Seite 57 an. Besprecht: Was drücken die Menschen mit ihrem Tanz aus?

Gestaltet selbst einen Tanz um eine Mitte.

Kann ich auch ohne Worte beten?

Ich bin gefragt

• Das habe ich verstanden und neu gelernt.

• Das hat mir besonders gefallen.

• Dazu möchte ich noch mehr wissen oder etwas gestalten.

Kinder begegnen Jesus

🔍 Suche auf dem Bild Kinder.
Beschreibe, was sie tun.

👥 Probiert aus: Körner von Hand
zu Mehl mahlen, Brot selbst
backen, Schafwolle zu einem
Faden drehen, Wasser tragen ...

💬 Beschreibe: Wie verbringst du
deinen Tag?

❓ Welchen Unterschied
entdeckst du zwischen
deinem Leben und dem
Leben der Kinder damals?

👥 Spielt: Jesus segnet die Kinder.

💬 Lass eine Mutter erzählen. Lasst
die Jünger miteinander reden.

Jesus kommt.
Leute bringen Kinder zu Jesus.
Die Jünger schimpfen:
„Geht weg! Stört Jesus nicht!"
Jesus hört das.
Er ärgert sich: „Lasst die Kinder zu mir
kommen! Auch ihnen gehört Gottes Reich."
Jesus legt den Kindern die Hände auf und segnet sie.

Nach Markus 10,13–16

Ihr könnt die Geschichte mit Instrumenten spielen.

Werdet ganz still. Überlegt: Was hören Kinder gerne? Nach jedem Satz bleibt ihr wieder eine Weile still. Zum Schluss schreibt ihr den Satz auf, der euch am besten gefällt.

Bildet einen Segenskreis: Ein Kind darf in die Mitte. Findet für das Kind Segensworte und eine Geste.

Jesus lehrt in der Synagoge.

In einer Ecke steht eine gekrümmte Frau. Sie hört aufmerksam zu.

Jesus sieht sie. Er ruft: „Komm zu mir!"

✋ Nimm eine gekrümmte Haltung ein.

🗩 Beschreibe, was du siehst, wenn du den Kopf nicht heben kannst.

❓ Gehe einige Schritte so durch den Raum.
Was fällt dir schwer?
Wie geht es deinem Rücken?
Jetzt darfst du dich wieder aufrichten.

❓ Wie fühlt sich die Frau? Finde zu jedem Bild eine passende Farbe.

✋ Schreibe oder male: Wann fühlst du dich niedergedrückt? Was kann dir helfen?

👨‍👧‍👦 Der Glaube an Jesus hat die kranke Frau geheilt. Sie dankt Gott. Schreibt gemeinsam einen Dankesbrief. Jede und jeder fügt einen Satz an.

Die gekrümmte Frau geht langsam auf ihn zu.

Jesus sagt: „Sei frei von deiner Krankheit." Er berührt die Frau.

Sie richtet sich auf. Sie lobt Gott voll Freude.

Nach Lukas 13,10–13

Du richtest mich auf

T: Hanni Neubauer / M: Franz Kett
© RPA Verlag GmbH, Landshut

Du rich – test mich auf. Ich ste – he vor dir.

Ich dan – ke dir, Herr, du bist bei mir.

Ein taubstummer Mann begegnet Jesus

Leute bringen einen Mann zu Jesus. Er ist taub und kann nicht gut sprechen.
Seine Freunde bitten Jesus, dass er ihm die Hand auflegt.
Jesus holt den Mann zu sich. Er legt ihm die Finger in die Ohren und berührt seine Zunge.
Dann schaut Jesus zum Himmel hinauf und seufzt.
Er sagt zu dem taubstummen Mann: „Effata!", das heißt „Öffne dich!"
Sogleich öffnen sich die Ohren des Mannes. Er kann seine Zunge bewegen und richtig sprechen.
Jesus sagt, dass er niemand davon erzählen soll.
Doch schnell wird die Heilung überall bekannt.
Die Menschen, die davon hören, staunen sehr.
Sie sagen: „Jesus macht alles gut. Er macht, dass die Tauben hören und die Sprachlosen sprechen."

Nach Markus 7,31–37

Effata, öffne dich

T/M: Franz Kett
© RPA Verlag GmbH, Landshut

Kv.: Ef – fa – ta, öff – ne dich, spricht dich Je – sus an. 1. Wenn

dei – ne Oh – ren of – fen sind, fängst du zu le – ben an. Wenn

dei – ne Oh – ren of – fen sind, fängst du zu le – ben an.

? Stellt euch vor: Ihr hört nicht:
– ein vorbeifahrendes Auto
– die Pausenglocke
– die Stimmen eurer Freunde
– ...
Welche Sinne werden dann wichtig?

🔎 Erzählt: Welchen Teil der Geschichte erkennst du auf dem Bild auf Seite 68?

✋ Was ist davor passiert und was geschieht danach? Male jeweils ein Bild und beschreibe es mit einem Satz.

💬 Menschen, die nicht hören und sprechen können, verständigen sich mit Gebärden. Besprecht: Was könnte der Mann auf dem Bild mit seinen Händen „sagen"?

👫 Erzählt die Geschichte Satz für Satz mit Gebärden, ohne Worte.

🔎 Singt das Lied und findet weitere Strophen, die zu den Fotos passen.

Der Zöllner Zachäus begegnet Jesus

Zachäus ist ein Zöllner in Jericho. Er ist sehr reich. Zachäus verlangt viel mehr Geld, als er muss. Die Leute können sich nicht dagegen wehren.

Nach Lukas 19,1–2

Zachäus sitzt am Zoll. Spielt, wie Zachäus von den Leuten Geld verlangt.

Jesus kommt. Die Menschen haben Erwartungen an ihn. Ergänzt: „Jesus soll ..."

Zachäus will unbedingt sehen, wer Jesus ist. Er steigt auf einen Baum, denn er ist klein. Jesus sieht Zachäus. Er ruft seinen Namen: „Zachäus! Komm schnell herunter! Ich will heute in deinem Haus Gast sein." Die Leute sind empört. Sie sagen: „Weiß Jesus nicht, wer Zachäus ist?"

Nach Lukas 19,3–7

Besprecht: Warum sucht sich Jesus ausgerechnet Zachäus aus?

Lest in eurer Bibel die Geschichte zu Ende.

Stell dir vor: Wie geht es Zachäus vor und nach der Begegnung mit Jesus? Gestalte dazu ein ➤ Reißbild mit verschiedenen Farben.

Jesus ruft Menschen

Jesus wandert am See entlang.
Er sieht zwei Fischer.
Sie werfen im Wasser ihre Netze
aus. Es sind Brüder, Simon und
Andreas. Jesus ruft sie:
„Kommt mit und folgt mir!
Ihr sollt allen sagen:
Gott liebt die Menschen!"
Simon und Andreas kommen
ans Ufer. Sie gehen mit Jesus.

Nach Markus 1,16–18

Jesus wandert weiter von
Ort zu Ort. Er erzählt den
Menschen von Gott. Seine
Jünger begleiten ihn.
Auch Frauen gehen mit
Jesus: Es sind Maria
Magdalena, Johanna,
Susanna und viele andere.
Manche hat Jesus gesund
gemacht. Jetzt helfen sie
ihm und seinen Jüngern
mit allem, was sie
besitzen.

Nach Lukas 8,1–3

Komm mit mir

T/M: Rolf Krenzer
© Dagmar Krenzer-Domina (RN Rolf Krenzer)

1. Komm mit mir, komm mit mir! Ich la – de dich ein! Sag, willst du, sag, willst du mein gu – ter Freund sein? Ich la – de dich ein! Ich la – de dich ein!

2. Bleib stehen, bleib stehen!
Ich bin so allein.
Ich will mit dir gehen
und will dein Freund sein.
Ich will dein Freund sein!
Ich will dein Freund sein!

3. Die Männer und Frauen
von nah und von fern,
sie haben Vertrauen
und folgen dem Herrn.
Ja, Jesus, dem Herrn!
Ja, Jesus, dem Herrn!

Versetze dich in die Lage von Simon und Andreas. Sprich oder schreibe den Satz weiter: „Ich bin mit Jesus gegangen, weil ...“

? Wie haben die Frauen Jesus kennengelernt? Denkt euch Geschichten dazu aus.

Spielt die Geschichten den anderen vor.

Auch Kinder sind heute für Jesus unterwegs. Erzähle, was du von den Sternsingern weißt. Du kannst auch auf den Seiten 132 und 133 nachsehen.

Mit Jesus zum Vater beten

- Vater unser im Himmel,
  geheiligt werde dein Name.
- Dein Reich komme.
- Dein Wille geschehe,
  wie im Himmel so auf Erden.

- Unser tägliches Brot gib uns heute.
- Und vergib uns unsere Schuld,
  wie auch wir vergeben unseren
  Schuldigern.

- Und führe uns nicht in Versuchung,
  sondern erlöse uns von dem Bösen.

- Denn dein ist das Reich
  und die Kraft und die Herrlichkeit
  in Ewigkeit.

  Amen

Ein Jünger fragt Jesus:
„Wie sollen wir beten?"
Jesus lehrt die Jüngerinnen
und Jünger das Vaterunser.

✋ Schreibe das Vaterunser auf. Wähle für jeden Satz eine passende Farbe.

💬 Ergänze:
An meiner Mutter
mag ich …
An meinem Vater
mag ich …

❓ Menschen beten zu Gott: „Vater unser".
Besprecht: Was hoffen sie?

🔍 Suche einen Satz aus dem Vaterunser, der dich besonders anspricht.
Finde zu deinem Satz eine Geste.

🕯 Sprecht mit diesen Bewegungen das Vaterunser.

👪 Betrachtet die beiden Figuren. Welche Gefühle erkennt ihr?
Achtet auf die Hände.
Was sagen sie?

🔍 Suche ein Wort heraus, das besonders zu den Figuren passt: geborgen, zärtlich, gütig, vertraut, liebevoll …

Dein Reich komme

Jesus sagt: „Das Reich Gottes ist schon mitten unter euch."

Nach Lukas 17,21

💬 Beschreibe, was die Menschen auf den Bildern erleben.

💬 Lass sie sprechen:
Ich freue mich, wenn ...
Ich sorge mich, dass ...

❓ Suche Bilder in Zeitschriften:
Wie wünschst du dir die Welt?
Was gefällt dir nicht?

👫 Gestaltet aus allen Bildern eine ➤ Collage.
Wo wird auf euren Bildern etwas vom Reich Gottes sichtbar?

💬 Ergänze: „Reich Gottes ist für mich wie ..."

⭐ Gestalte deinen Satz auf einem persönlichen Lesezeichen.

Was ist's, was die Menschen brauchen?

T/M: Franz Kett
© RPA Verlag GmbH, Landshut

Was ist's, was die Men – schen brau – chen, dass sie le – ben kön – nen?

1. Brot zum Es – sen, gu – tes Brot! Ja, das brau – chen Men – schen.

2. Klares Wasser für den Durst.
3. Kleider und auch warme Schuh.
4. Ein Zuhause und ein Bett.
5. Einen Menschen, der sie liebt.

… einen Menschen, der verzeiht.

Leon und Marie beten vor dem Essen:

Guter Gott!
Segne, was wir zu essen bekommen.
Segne die, die uns das Essen zubereitet haben.
Segne alle, die jetzt am Tisch sitzen.

✋ Schreibe ein eigenes Tischgebet.

💬 Dichte weitere Strophen zum Lied.

✋ Gestaltet ein ➤ Bodenbild: Das brauchen wir zum Leben. Bringt diese Dinge mit oder malt ein Bild.

❓ Kinder im Krankenhaus; Menschen, die allein sind; Kinder im Flüchtlingslager. Zähle auf: Was brauchen sie zum Leben?

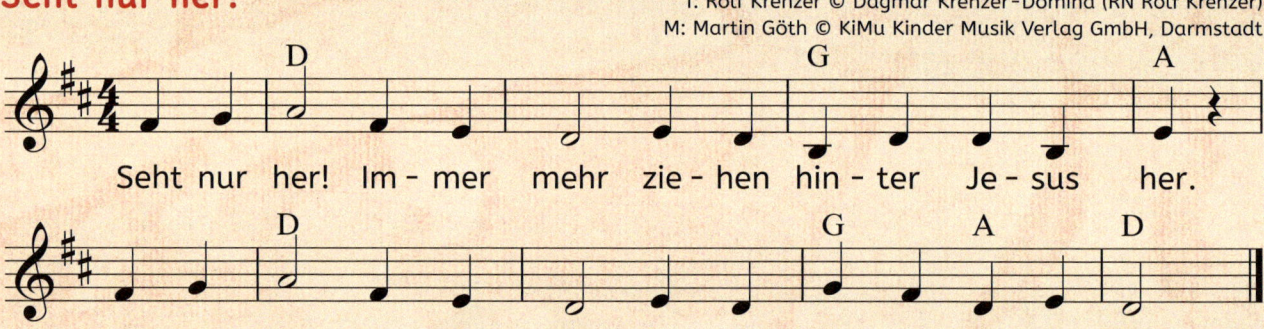

Freuen dürfen sich alle, die arm sind, denn Gott ist ihnen nahe.

Matthäus 5,3

Freuen dürfen sich alle, die weinen, denn sie werden lachen.

Matthäus 5,4

Seht nur her!

T: Rolf Krenzer © Dagmar Krenzer-Domina (RN Rolf Krenzer)
M: Martin Göth © KiMu Kinder Musik Verlag GmbH, Darmstadt

Seht nur her! Im-mer mehr zie-hen hin-ter Je-sus her.

Seht nur her! Im-mer mehr zie-hen hin-ter Je-sus her.

🔍 Suche auf dem Bild Menschen, die zuhören, die nachdenken, die sich freuen.

💬 Wähle eine Person aus. Lass sie von Jesus erzählen. Suche einen Bibelsatz aus, der zu dieser Person passt.

Freuen dürfen sich
alle, die hungern, denn
sie werden satt werden.
Matthäus 5,6

Du bist da, wo Menschen leben

T/M: Detlev Jöcker
© Menschenkinder Musikverlag, Münster

① C   a   F   G   ② C   a   F   G

Du bist da, wo Men - schen le - ben. Du bist da, wo Le - ben ist.

③ C   a   F   G   ④ C   A   F   G

Du bist da, wo Men - schen le - ben. Du bist da, wo Le - ben ist.

„Du bist da, wo Menschen ...": Dichtet und singt neue Strophen.

Findet zu jeder Strophe ein passendes Begleitinstrument. Ihr könnt den Text auch ➤ ohne Worte darstellen.

○ Die Kinder, Zachäus und die gekrümmte Frau: Wähle ein Bild aus und erzähle dazu die Geschichte.
Wofür sind sie dankbar?
Wie könnten sie beten?

🔍 „Jesus macht alles gut." Schau nach: In welcher Geschichte findest du diesen Satz?
Passt er auch zu den anderen Geschichten? Begründe deine Antwort.

○ Menschen zeigen etwas vom Reich Gottes:
Hände, die schenken,
Worte, die trösten,
Augen, die sehen,
Ohren, die hören.
Nenne Beispiele.
Setze die Reihe fort.

○ Schau das Bild auf Seite 63 an:
Für wen breitet Jesus heute die Arme aus?

✋ Male Bilder von diesen Menschen.

👫 Klebt alle eure Bilder in einer langen Reihe aneinander.

✋ Du kannst auch Figuren kneten oder aus Draht biegen.

🕯 Ein Kind darf jemanden aus der Gruppe leise mit Namen zu sich rufen. Führt die Übung fort, bis alle in einem Kreis sind.
Wie fühlt es sich an, so angesprochen zu werden?

Ich bin gefragt

- Das habe ich verstanden und neu gelernt.
- Das hat mir besonders gefallen.
- Dazu möchte ich noch mehr wissen oder etwas gestalten.

Jesus – Wer ist das eigentlich?

Jesu Geburt wird angekündigt

Gott sandte den Engel Gabriel zu Maria in die Stadt Nazaret. Der Engel sagte: „Sei gegrüßt! Du bist voll der Gnade. Der Herr ist mit dir." Maria erschrak. Da sagte der Engel zu ihr: „Fürchte dich nicht, Maria. Du wirst einen Sohn bekommen. Er soll Jesus heißen."

Maria aber sagte zum Engel: „Wie soll das möglich sein?" Der Engel antwortete ihr: „Gottes Geist wird dich umhüllen. Deshalb wird dein Kind heilig sein, und man wird es Sohn Gottes nennen." Da sagte Maria: „Was Gott will, das werde ich tun. Mir soll geschehen, wie du gesagt hast."

Nach Lukas 1,26–41

Jesu Geburt

In jenen Tagen erließ Kaiser Augustus den Befehl, alle Bewohner des Reiches in Steuerlisten einzutragen. Da ging jeder in seine Heimatstadt. So ging auch Josef mit Maria von Nazaret nach Betlehem. Als sie dort waren, gebar Maria ihren Sohn. Sie wickelte ihn in Windeln und legte ihn in eine Krippe. In der Herberge war kein Platz für sie.

In der Gegend hielten Hirten Nachtwache bei ihrer Herde. Da trat der Engel des Herrn zu ihnen. Sie fürchteten sich sehr. Der Engel sagte: „Fürchtet euch nicht. Ich verkünde euch eine große Freude: Heute ist euch der Retter geboren. Er ist der Messias, der Herr." Plötzlich war der Himmel voller Engel. Sie sangen: „Ehre sei Gott in der Höhe und Frieden auf Erden."

Nach Lukas 2,1–14

🔍 Sammelt die schwierigen Wörter in den Texten und lasst sie euch erklären.

👥 Der Engel kommt zu Maria. Stellt die Szene nach. Lest sie mit verteilten Rollen.

🔍 Sucht aus den Erzählungen heraus, was über Jesus gesagt wird.

🔍 Viele Personen sind auf dem Bild. Zähle sie auf.

💬 Die Gesichter sind angestrahlt. Beschreibe, woher das Licht kommt. Lass den Maler sprechen: „Ich habe …"

💬 Hirten erzählen: „Wir haben unsere Schafe gehütet." Erzähle weiter.

✋ Male oder schreibe, was du dem Kind wünschst oder von ihm erhoffst.

"Dort, wo Jesus ist ..."
Ergänze den Satz des Mannes.
Suche auf dem Bild: Wer ist für Jesus?
Wer ist gegen ihn? Wer überlegt noch?
Besprecht, warum die Menschen so denken.

Jesus geht seinen Weg ...

Jesus zieht in Jerusalem ein

Jesus kam mit seinen Jüngern
in die Nähe von Jerusalem.
Zwei seiner Jünger schickte er
voraus und sagte zu ihnen:
„Geht in das Dorf. Ihr werdet
einen jungen Esel finden.
Bindet ihn los und bringt ihn
zu mir."
Sie brachten den jungen Esel
zu Jesus.

Er setzte sich darauf und zog so
in Jerusalem ein.
Viele Menschen begleiteten ihn.
Sie breiteten ihre Kleider aus
und legten Zweige auf den Weg.
Sie riefen: „Hosianna!
Gesegnet bist du.
Du kommst im Namen Gottes."

Nach Markus 11,1–9

Jesus feiert mit seinen Jüngern das Abendmahl

In Jerusalem bereiteten die
Jünger das Abendmahl vor.
Einer aber wollte Jesus
an seine Feinde verraten.
Jesus wusste, dass er bald
sterben würde. Deshalb feierte
er zum Abschied dieses letzte
Mahl mit ihnen.
Er sagte zu ihnen: „Ich habe
mich sehr darauf gefreut, mit
euch zu essen und zu trinken.

Dieses Mahl soll euch immer
an mich erinnern und an das,
was ich getan und gesagt habe.
Immer, wenn ihr Brot und Wein
miteinander teilt und ihr euch an
mich erinnert, bin ich bei euch."

Nach Lukas 22,14–22

Findet Bewegungen für den Jubel der Menschen in Jerusalem.

Besprecht: Wo teilen Menschen Brot und Wein, wie Jesus es gesagt hat?
Schaut auch auf Seite 108 nach.

Beschreibe das Bild.

Überlegt und tauscht euch aus: Wer könnte noch auf dem Bild sein?

Wo möchtest du im Bild sein?

Jesus wird gefangen genommen und gekreuzigt

Jesus war mit seinen Jüngern am Ölberg.
Da kam eine Schar von Männern und nahm
ihn gefangen.
Sie führten ihn zum Hohen Priester.
Die Schriftgelehrten klagten ihn an.
Sie sagten: „Er hat Gott beleidigt."
Der römische Statthalter Pilatus gab den Befehl,
Jesus auszupeitschen und dann zu kreuzigen.
Die Soldaten setzten Jesus eine Dornenkrone auf,
schlugen ihn auf den Kopf und spuckten ihn an.
Dann führten sie ihn zur Kreuzigung.
Jesus musste sein Kreuz tragen.
Die Soldaten kreuzigten ihn.
Die Leute, die dabeistanden, verspotteten ihn
und schüttelten den Kopf.
Jesus aber betete: Mein Gott, mein Gott,
warum hast du mich verlassen?
Und mit einem lauten Schrei starb er.

Nach Markus 14 und 15

Ordne zu: Welche Sätze aus der Leidensgeschichte Jesu sind auf den Bildern dargestellt?

Legt ein ➤ Bodenbild zur Leidensgeschichte. Ihr könnt Materialien mitbringen oder Bilder malen.

Mein Gott, warum hast du mich verlassen?

Mein Gott, ich rufe dich, du gibst keine Antwort.

Dir haben unsere Väter und Mütter vertraut.

Ich bin von vielen verachtet.

Niemand ist da, der hilft.

Ich bin hingeschüttet wie Wasser.

Gott, halte dich nicht fern! Komm mir zu Hilfe!

Aus Psalm 22

✋ Wähle für jedes Bild einen Psalmvers aus. Schreibe die Sätze auf farbige Karten.

💬 Erkläre den anderen deine Auswahl.

💬 Beschreibe die Blicke und die Hände von Jesus, Maria und dem Jünger auf dem Kreuzigungsbild.

✋ Gestalte aus Holzstücken, Draht oder Schnur dein eigenes Kreuz.

Was Jüngerinnen und Jünger nach dem Tod von Jesus erfahren

Drei Frauen gingen zum Grab.
Sie hatten kostbare Öle bei sich.
Sie wollten Jesus im Grab salben.
Am Grab sahen sie: Der schwere Stein war weggerollt.
Zwei Männer in leuchtenden Gewändern
standen vor ihnen und sagten:

> *„Ihr sucht Jesus.*
> *Er ist nicht hier.*
> *Er ist auferstanden.*
> *Er lebt!"*

Da gingen die Frauen vom Grab weg.
Sie liefen zu den Jüngern und erzählten ihnen voll Freude:

> *„Jesus lebt!*
> *Gott hat ihn auferweckt."*

Nach Lukas 24,1–12

👫 Spielt: Die drei Frauen am Grab. Sie erzählen den Jüngern, was sie erlebt haben.

🗨 Besprecht: An welchem Fest feiern wir die Auferstehung Jesu?

🗨 Beschreibe: Wie zeigt die Malerin, was die Frauen erlebt haben?

🔍 „Jesus lebt!" Schau dir noch einmal die Menschen auf Seite 84 und 85 an. Wer freut sich über die Nachricht? Wer freut sich nicht?

Auf der Suche nach Osterspuren

Wo einer dem anderen vertraut,
wo einer wieder neu anfängt,
da kannst du Osterspuren finden.

Wo einer ein fröhliches Lied singt,
wo einer nicht mehr traurig ist,
da kannst du Osterspuren finden.

Wo einer dem anderen verzeiht,
wo einer die Lüge überwindet,
da kannst du Osterspuren finden.

💬 Lest einander das Gedicht vor.

👫 Wählt in der Gruppe eine Osterspur aus. Erzählt euch Geschichten dazu.

💬 Ergänzt: „Auferstehung ist auch, wenn …"

⭐ Schmücke ein Kreuz mit Naturmaterialien. Gestalte es zu einem Zeichen des Lebens.

🔍 Wähle eine Geschichte aus dem Leben Jesu, die zum Bild auf Seite 81 passt.

Ich bin gefragt

- Das habe ich verstanden und neu gelernt.
- Das hat mir besonders gefallen.
- Dazu möchte ich noch mehr wissen oder etwas gestalten.

Ich war traurig,
     du hast mich getröstet.

Ich war krank,
     du hast mich besucht.

Ich war wütend,
     du hast mich beruhigt.

Ich war böse zu dir,
     du hast mir verziehen.

Ich hatte Angst,
     du hast mir Mut gemacht.

Ich ...

Nach Matthäus 25,35–40

🖐 Spiele oder male, was du selbst schon erlebt hast. Wer hat dir geholfen?

👫 Wählt einen Satz aus. Stellt ihn in einem ➤ Standbild dar. Ergänzt weitere Sätze.

💬 Erzähle zu jedem Bild eine Geschichte.

Ich mache mit, weil man dort lernt, Menschen zu retten.

Mir gefällt, dass ich im Gottesdienst mitmachen kann.

Jugendfeuerwehr

Kinderchor

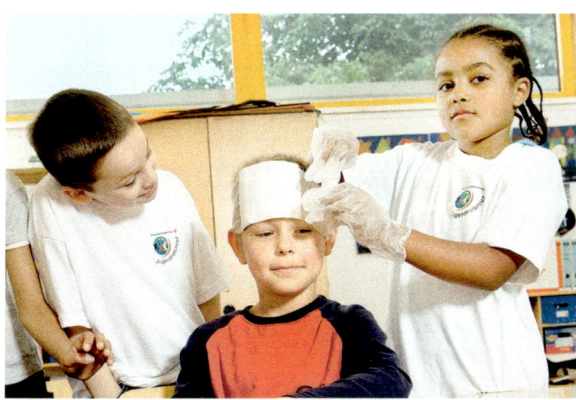

Ministranten

Mir macht das Singen in der Kirche Spaß.

Jugendrotkreuz

Ich will mal Ärztin werden, weil ich Menschen gesund machen möchte.

Erkundigt euch: Welche dieser Gruppen gibt es an eurem Ort? Ladet jemanden in den Religionsunterricht ein. Bereitet Fragen vor.

Ordne die Sprechblasen den Bildern zu. Bei welcher Gruppe machen die Kinder mit?

Das Notwendige teilen

Von Martin wird erzählt:

Martin ist ein römischer Soldat.
An einem kalten Wintertag teilt er
seinen Mantel mit einem Bettler.
Im Traum sagt Jesus zu Martin:
„Was du für deinen ärmsten
Bruder getan hast, das hast du
für mich getan."

Martin lässt sich taufen
und wird Christ.
Er gibt sein Schwert zurück
und wird ein Mönch.
Die Menschen wählen Martin
zu ihrem Bischof. Martin ist
ein guter Bischof. Er sieht Not
und hilft.

Was du teilen kannst

Wenn du klein bist,
den Apfel und das Brot.
Wenn du größer bist,
die Freude und die Not.
Dich selber?
Nie!
Aber die Liebe,
von der du lebst:
Weißt du wie?

Max Bolliger

- 💬 Erzähle zu den Bildern auf den Laternen das Leben von Martin.
- ✋ Von Martin kannst du etwas lernen. Schreibe oder male: Wie kannst du Liebe teilen?
- 👫 Plant etwas, das anderen Freude macht.
- 🔍 Betrachte das Bild auf Seite 93: Was erkennst du? Was fällt dir auf? Gib dem Bild eine Überschrift.
- 👫 Was sprechen die Personen miteinander? Spielt die Begegnung.

In der Not da sein

Von Nikolaus wird erzählt:

Ein armer Mann
hat drei Töchter.
Er kann nicht mehr
für sie sorgen.
Der Vater ist traurig.
Er muss seine Kinder
zum Betteln schicken.
Bischof Nikolaus erfährt es.
In der Nacht geht er
unbemerkt zum Haus.
Nikolaus wirft drei
Goldkugeln durch
das Fenster hinein.
Die Mädchen sind glücklich.
Nun haben sie genug
zum Leben.
Sie danken Gott dafür.

- Finde Geräusche und Klänge zu der Geschichte.
- Beschreibe Nikolaus mit einem Elfchen-Gedicht.
- Erzählt euch noch andere Geschichten von Nikolaus.

- Schlüpft in die Rolle des Nikolaus: Beschenkt euch gegenseitig unerkannt mit einer kleinen Überraschung.
- ★ Schreibe oder male für jemanden eine Nikolauskarte mit einem guten Wunsch oder freundlichen Gruß.

Die Armut wählen

Franziskus und Klara von Assisi

Franziskus ist ein junger Mann in Assisi. Er feiert mit Freunden viele Feste. Sein Vater ist ein reicher Tuchhändler.

Franziskus will Ritter werden und zieht in den Krieg.

Er wird sehr krank und denkt über sein Leben nach. Er will nicht mehr Ritter werden. Franziskus entdeckt Jesus von Nazaret. Er liest in der Bibel: „Steckt nicht Geld in eure Taschen! Geht zu den Menschen und erzählt ihnen von Gott!"

Franziskus sagt: „Ich will arm sein wie Jesus und den Menschen dienen."

Er gibt dem Vater sein Geld und die edlen Kleider zurück.

🔍 Betrachte das Bild. Beschreibe die Gesichter, die Hände, die Füße.

 Führt ein Gespräch zwischen Vater und Sohn. Was fühlt der Vater? Wie geht es Franziskus?

Franziskus fängt ein neues Leben an. Er ist arm wie ein Bettler.
Bald leben andere junge Männer gemeinsam mit Franziskus.
Auch eine junge Frau will so arm sein wie Franziskus.
Sie heißt Klara.
Ihre Eltern sind mächtige Leute in Assisi.
Franziskus nimmt Klara bei sich auf.
Sie leitet eine Gemeinschaft von Frauen.
Sie leben arm in einem Kloster. Klara kümmert sich liebevoll um ihre Mitschwestern.

✋ Schreibe oder male: Worauf verzichten Franziskus und Klara? Was bekommen sie dafür?

Ich finde es mutig, alles wegzugeben.

Die Not der Armen sehen

Elisabeth von Thüringen

Elisabeth ist ein Königskind in Ungarn. Sie muss mit vier Jahren ihre Eltern verlassen. Sie zieht in ein fremdes Land auf die Wartburg. Mit 14 Jahren heiratet Elisabeth den Grafen Ludwig. Sie ist jetzt eine reiche Gräfin.

Elisabeth sieht die Armen in der Stadt:
- kranke Menschen, die keinen Arzt bezahlen können,
- Kinder, die hungern,
- Männer und Frauen, die in der Kälte frieren,
- Menschen mit großen Schmerzen.

Elisabeth sagt: „Wie Jesus will ich bei den Armen sein und sie lieben."
Sie trägt in ihrem Korb Brot, Tee, Arznei und Verbände.
Sie hilft den Armen und Kranken.

Elisabeth erfährt großes Leid:
Ihr geliebter Mann stirbt auf einer Reise, weit weg von ihr.
Elisabeth verlässt mit ihren Kindern die Burg und das reiche Leben.
Sie lebt mit den Kranken und Armen und versorgt sie.

✋ Schreibe oder sprich
die Sätze weiter:
„Ich finde es spannend, dass ..."
„Ich verstehe nicht, dass ..."
„Ich bewundere, dass ..."

🔍 Schau das Bild genau an. Was tut Elisabeth?

👥 Spielt die Situation auf dem Bild nach. Was erzählen die Menschen von Elisabeth?

Nachdenken – mitfühlen – handeln

*Durch dich hat der Himmel
den Armen umarmt
und in die Nacht ein Licht gebracht.
Du bist ein Glück, ein Segen!*

*Durch dich hat der Himmel
die Kranken umarmt
und in die Nacht ein Licht gebracht.
Du bist ein Glück, ein Segen!*

*Durch dich hat der Himmel
die Schwachen umarmt
und in die Nacht ein Licht gebracht.
Du bist ein Glück, ein Segen!*

Durch dich hat der Himmel ...

Hans-Jürgen Netz

✋ Die Menschen in diesem Kapitel leben, wie Jesus es gezeigt hat. Man nennt sie deshalb Heilige. Wähle aus, wen du bewunderst. Schreibe ihm oder ihr das in einem Brief oder male ein Bild.

★ Gestalte ein ➤ Minibuch zu den Heiligen in diesem Kapitel.

🔍 Suche Sätze in dem Text, die zu Elisabeth, Franziskus, Martin oder Nikolaus passen. Schreibe weitere Strophen.

❓ Viele Menschen sind nach Heiligen benannt. Forsche nach: Gibt es auch eine Heilige oder einen Heiligen mit deinem Namen?

Ich bin gefragt

- Das habe ich verstanden und neu gelernt.
- Das hat mir besonders gefallen.
- Dazu möchte ich noch mehr wissen oder etwas gestalten.

Wir feiern heut ein Fest

○ Tauscht euch über einen Besuch
in einer Kirche aus:
Daran erinnere ich mich: …
Das habe ich erlebt: …
Das weiß ich über die Kirche: …
Das gefällt mir an der Kirche: …

? Manche Menschen gehen zur
Kirche, manche nicht. Sie sagen:
„Ich gehe zur Kirche, weil …"
„Ich gehe nicht zur Kirche, weil …"
Probiert Stille im Klassenzimmer
und in der Kirche aus.

Den Kirchenraum erkunden

Der Altar: Das ist der Tisch, um den sich die Gläubigen zum Gottesdienst versammeln.

Der Tabernakel: Das ist der Ort, an dem die in der Messe geweihten Hostien aufbewahrt werden.

Das Ewige Licht: Es brennt immer in der Nähe des Tabernakels. Es zeigt: Jesus ist für uns da.

Der Ambo: Das ist ein Lesepult. Hier wird aus der Bibel vorgelesen.

Das Kreuz: Es ist das Zeichen für Tod und Auferstehung von Jesus Christus.

Das Weihwasser: Durch das Kreuzzeichen mit dem geweihten Wasser erinnern sich die katholischen Christen an ihre Taufe.

Die Kirchenbänke: Hier knien, stehen oder sitzen Kinder, Frauen und Männer, wenn sie Gottesdienst feiern.

Die Orgel: Sie ist das Musikinstrument, das die Gemeinde beim Singen begleitet.

Die Osterkerze: Sie ist das Zeichen für die Auferstehung von Jesus. Sie wird in der Osternacht geweiht und beim Gottesdienst angezündet.

Das Taufbecken: Im Taufbecken ist geweihtes Wasser. Hier werden Kinder und auch Erwachsene getauft. Sie gehören damit zur Kirche, zur Gemeinschaft der Christen.

Die Heiligenfigur: Sie zeigt Maria oder einen anderen Menschen, der Jesus nachfolgte.

🔍 Schaut euch gemeinsam das Bild an. Was entdeckt ihr?

💬 Plant einen Kirchenbesuch. Was braucht ihr dazu? Wie verhaltet ihr euch dort?

🔍 Was fehlt auf dem Bild, was du in deiner Kirche noch entdeckst?

❓ Gehe still in der Kirche umher. Welche Gegenstände erkennst du wieder? Was kommt dir fremd vor?

🕯 Beendet euren Kirchenbesuch gemeinsam mit einem Gebet oder Lied.

In der Kirche Gottesdienst feiern

Liedruf, mündlich überliefert

Ende

F   C⁷   F   C⁷   F

Sind zwei, sind drei in mei - nem Na - men eins, bin mit - ten ich da - bei.

D.C. bis Ende

C⁷   F   C⁷   F

Ich bin da - bei. (klatschen) Ich bin da - bei, (klatschen) bin mit - ten ich da - bei.

🔍 Die Kinder feiern in einer Kirche. Erzähle: Woran kannst du das erkennen?

 Nehmt die Haltung der Kinder ein. Was könnten sie singen oder beten?

KIRCHE FÜR KINDER

Familiengottesdienst zum Thema:
„Jesus segnet die Kinder".
Sonntag, 10.30 Uhr.

Taufe:
Am Sonntag um 14 Uhr wird Lena getauft.
Alle Kinder sind herzlich eingeladen!

Ministrantinnen und Ministranten:
Gruppenstunde.
Freitag, 16 Uhr, im Pfarrheim.

Wir helfen:
Wir sammeln Kleidung, Stofftiere und Spielzeug für Kinder in Not. Abgabe immer sonntags nach dem Gottesdienst.

Kinderchor:
Mittwoch, 16 Uhr.
Wir proben für das Pfarrfest.

Familiennachmittag:
Noach begrüßt euch in seiner Arche.

Treffpunkt:
Samstag, 10 Uhr, vor dem Pfarrheim.

🔍 Lest die Seite „Kirche für Kinder" aus dem Pfarrbrief. Was interessiert dich am meisten? Erzählt einander, was ihr gewählt habt.

✋ Ihr seid Baumeister für eine Kinderkirche. Was gehört alles dazu? Gestaltet ein ➤ Bodenbild mit eurer Kinderkirche.

Die Eltern bitten für Luis um die Taufe.

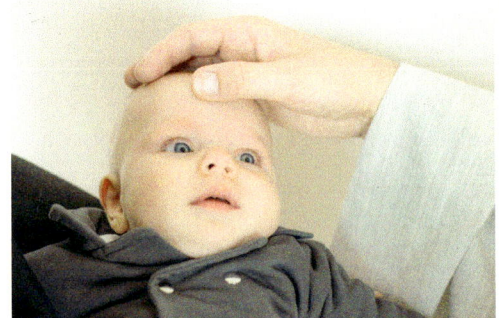

Der Priester bezeichnet Luis mit dem Kreuzzeichen.

„Ich taufe dich im Namen des Vaters und des Sohnes und des Heiligen Geistes."

Johanna erzählt:
Gestern ist Luis, das Baby unserer Nachbarn, im Gottesdienst getauft worden. Ich durfte Luis ein Kreuz auf die Stirn zeichnen. Die ganze Gemeinde hat Luis als neues Gemeindemitglied begrüßt und für Luis gebetet. Nach dem Gottesdienst haben wir bei Luis und seinen Eltern daheim gefeiert.

Luis wird mit Chrisam gesalbt, duftendem Öl.

Luis bekommt das weiße Kleid und die Taufkerze.

Das Gebet der Patin

Lieber Gott, segne Luis.

Lass ihn mit seinen Augen
die Schönheit der Welt entdecken,

mit seinen Ohren
die vielen Töne und die
Worte lieber Menschen hören,

mit seinen Füßen
die richtigen Wege gehen.

✋ Dichtet das Gebet der Patin
weiter: „Mit seinem Mund ...;
mit seinen Händen ...;
mit seinem Herzen ...“

💬 Bringt eure Taufkerze und Fotos
von eurer Taufe mit. Stellt euch
eure Fotos vor.

💬 Erzählt mithilfe der Fotos
den Ablauf der Taufe nach.

🕯 Ihr könnt einander mit Öl salben.
Sprecht dabei: „Du bist wertvoll!“
Oder: „Gott liebt dich!“

❓ Bittet evangelische Kinder, Fotos
von ihrer Taufe mitzubringen.
Vergleicht die Fotos:
Was fällt euch auf?

🔍 Schaut euch die Bilder an. Beschreibt, was das Wasser alles kann.

👪 Sucht weitere Wasserbilder, bildet Überschriften und gestaltet damit ein Plakat.

✋ Erzählt einander euer schönstes Wassererlebnis oder malt es.

Ohne Wasser können wir nicht leben

T/M: Wolfgang Longardt
© ABAKUS Musik Barbara Fietz, Greifenstein

1. Ohne Wasser können wir nicht leben, Frucht und Ernte kann es dann nicht geben!

Kv: Ja Gott schenkt uns Wasser hier auf Erden, darum soll dies unser Danklied werden.

2. Brunnen fließen
und die Quellen springen,
Bäume wachsen,
Felder Früchte bringen.

3. Auf den Feldern
wirken Tau und Regen
und die Sonne
unsern Erntesegen.

4. Flüsse, Seen
gilt es auch zu pflegen,
reines, gutes Wasser
ist ein Segen.

Besorgt euch eine Schale mit Wasser. Bewegt das Wasser mit euren Händen, riecht und schmeckt. Hört die Geräusche des Wassers und entdeckt, was das Wasser noch alles kann.

Ein Tag ohne Wasser! Spielt in Gruppen, wie ihr den Morgen, den Mittag, den Nachmittag, den Abend ohne Wasser erlebt.

? „Ohne Wasser können wir nicht leben": Diskutiert, ob die Überschrift des Liedes stimmt, und begründet eure Entscheidung.

Bei der Taufe wird das Kind mit dem Taufwasser übergossen. Lass das Wasser sprechen: Ich will, dass du leben kannst; ich will, dass du …

Wir sind Christen

🔍 Schaut euch die Bilder an. Beschreibt die Gegenstände. Erkundigt euch, welche dieser Gegenstände Christen gemeinsam haben.

❓ Sprich mit deiner Familie. Finde heraus, ob alle zur gleichen Kirche gehören.

Luisa, Leon und Georg wollen ihrer Klasse von ihren Kirchen erzählen.

Sie haben Fotos mitgebracht.
Luisa sagt: „Wir sind Christen. Wir glauben alle an Jesus Christus."

Leon ergänzt: „Aber es gibt auch Unterschiede."
Georg hat ein Rätsel vorbereitet.

„Unser Priester steht vor einer Wand mit vielen Ikonen."

„Unser Priester trägt im Gottesdienst ein Messgewand."

„Unsere Pfarrerin trägt im Gottesdienst einen schwarzen Talar."

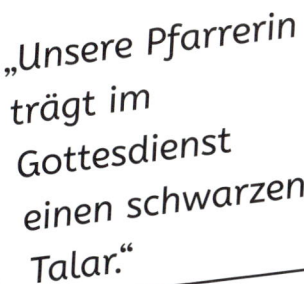

🔍 Löst das Rätsel. Zu welchem Kind gehört welche Karte?

👨‍👩‍👧 Besucht gemeinsam eine evangelische und eine orthodoxe Kirche. Was erkennt ihr wieder? Wo sind Unterschiede?

🕯 Beendet eure Kirchenbesuche mit einem Gebet oder einem Lied.

Nachdenken – mitfühlen – handeln

🔍 Der Künstler Friedensreich Hundertwasser hat diese Kirche gebaut: Was fällt dir auf? Beschreibe.

💬 Der gleiche Künstler hat das Bild auf Seite 103 gemalt. Vergleiche: Was ist dort anders?

❓ Überlege: Wo möchtest du in dem Bild auf Seite 103 sein?

🔍 Suche in der Kirche auf Seite 106/107 einen Gegenstand aus, der besonders wichtig ist. Begründe deine Wahl.

Ich bin gefragt

- Das habe ich verstanden und neu gelernt.

- Das hat mir besonders gefallen.

- Dazu möchte ich noch mehr wissen oder etwas gestalten.

Özlem lädt zum Zuckerfest ein

Anna beeilt sich sehr auf dem Heimweg von der Schule. Ihre Freundin Özlem war heute nicht im Unterricht. Sie feiert mit ihrer Familie ein wichtiges Fest ihrer Religion, des *Islam.*

Anna darf Özlem am Nachmittag besuchen. Sie liest noch einmal die Einladungskarte: „Wir feiern *Seker Bayram,* das Zuckerfest. Ich freue mich, wenn du kommst."

An der Haustür der Familie Bagci zieht Anna wie alle, die das Haus betreten, ihre Schuhe aus.

Frau Bagci begrüßt sie. Özlem stellt Anna ihre Geschwister vor: „Das ist mein kleiner Bruder Cerkan. Und das ist mein großer Bruder Mehmet. Das ist die türkische Form von Muhammad und zugleich der Name unseres wichtigsten Propheten."

Anna hat für alle drei Kinder Süßigkeiten mitgebracht. Sie fragt: „Was feiert ihr denn eigentlich heute?"

„Wir feiern *Id al-Fitr,* das Fest des Fastenbrechens. In der Türkei nennt man es auch Zuckerfest."

Im Wohnzimmer der Familie ist der Tisch reichlich gedeckt. Özlem rät Anna: „Probier mal die Teigtaschen. Ich mag sie am liebsten mit Rinderhackfleisch. Schweinefleisch essen wir nämlich nicht, das ist nicht *halal.*" Anna greift gerne zu. Anschließend gibt es jede Menge Süßigkeiten.

Anna schwärmt: „Das ist ein tolles Fest."

„Ja", lacht Frau Bagci, „nach dem langen Fastenmonat *Ramadan* lassen wir es uns richtig gut gehen. Schön, dass du mit uns feierst, Anna."

Mehmet erzählt: „Ich war heute mit Vater in der *Moschee.* Das ist unser Gebetshaus." Cerkan zeigt Anna seinen neuen Wecker. „Das ist das Modell einer Moschee", strahlt er. Zum Abschied küsst Özlem Anna die Hand und legt sie an ihre Stirn. „Das ist ein Zeichen, dass man sich lieb hat", sagt sie. „Bis morgen in der Schule und vielen Dank für das schöne Fest", sagt Anna. „Bis morgen, *inschallah!*", antwortet Özlem lachend.

Islam, Seker Bayram,
Ramadan, Moschee,
halal, Id al-Fitr,
Muhammad, inschallah

💬 Lest die Geschichte. Fragt, was
die fremden Wörter bedeuten.

🔍 Erzähle: Wo kannst du auf den
Bildern Hinweise auf das Leben
in einer muslimischen Familie
finden?

✋ Ladet muslimische Kinder ein.
Tauscht euch aus: Welche Feste
feiert ihr, welche Feste feiern wir?

Wie Kinder beten

Im Namen des barmherzigen und gnädigen Gottes! Lob sei Gott, dem Herrn der Welt.

Gelobt seist du, Ewiger, unser Gott, König der Welt.

Vater unser im Himmel, geheiligt werde dein Name.

Manche Menschen beten nicht ...

💬 Lest die Gebete aus den verschiedenen Religionen laut vor.

❓ Vergleicht die Gebete: Was haben sie gemeinsam?

✋ Probiert zu jedem Gebet Gebetshaltungen aus.

🔍 Vergleiche dazu Gebetshaltungen zum Vaterunser (auf Seite 74).

🔍 Schaut euch die Fotos an.
Ordnet zu: Zu welcher Religion
gehören die Kinder?

🕯 Plant einen Morgenkreis,
bei dem nacheinander Gebete
aus verschiedenen Religionen
gesprochen werden.

Wir sind alle Kinder Gottes

🔍 Die Fotos zeigen eine Kirche, eine Synagoge und eine Moschee. Ordne zu: Welches Gebäude nutzen Juden – Christen – Muslime? Woran erkennst du das?

🔍 Findet die Gebäude im Bild auf Seite 117 wieder.

💬 Erkundigt euch: Zu welchen Religionen gehören die Kinder an eurer Schule? Sprecht miteinander über ihre und eure Religion.

Judentum

Christentum

Moschee

Synagoge

Kirche

Islam

TORA

⟀ Ordnet die Kärtchen den Religionen zu.

👫 Sammelt zu jeder Religion Bilder oder Kärtchen. Gestaltet ein Plakat der Religionen.

Nachdenken – mitfühlen – handeln

Du bist anders als ich.
Ich bin anders als du.
Gehen wir aufeinander zu,
schauen uns an,
erzählen uns dann:

Worüber du weinst.
Worüber du lachst.
Welche Wünsche du hast.
Was mich traurig stimmt.
Was mir Freude bringt.
Was ich glaub.

Und plötzlich erkennen wir,
dass wir innen uns
äußerst ähnlich sind.

Nach Karlhans Frank

🔍 Lies das Gedicht. Erkläre, warum die Kinder sich ähnlich sind.

⭐ Lege in deinem Heft eine Seite an: Sammle Informationen und Bilder, aber auch deine Fragen zu anderen Religionen.

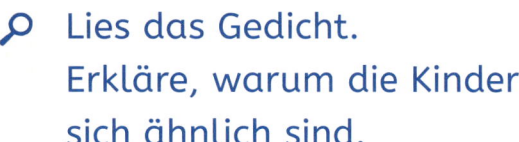

Ich bin gefragt

- Das habe ich verstanden und neu gelernt.
- Das hat mir besonders gefallen.
- Dazu möchte ich noch mehr wissen oder etwas gestalten.

Wir Christen feiern viele Feste

Sich erinnern und feiern

✋ Bringt „Erinnerungsstücke" mit oder malt sie. Gestaltet damit eine Ausstellung. Schreibt dazu, warum sie euch wichtig sind.

💬 Schau dir die Bilder an. Was ist für dich ein Grund zum Feiern? Erzähle.

⬭ Einige der Bilder erinnern
an Jesus. Finde die Stellen
im Buch. Erzählt euch die
Geschichte dazu.

★ Du hast auch schon viel erlebt.
Was möchtest du auf keinen
Fall vergessen?
Male dazu ein Bild.

Warten

Die Familie Moser fährt in den Urlaub.
Fünf Stunden dauert die Fahrt schon.
Maren jammert:
Wann sind wir endlich da?

Tim war beim Schwimmen. Lisa, seine große
Schwester, soll ihn abholen. Tim steht schon
vor der Schwimmhalle und wartet.

Bald hat Anna Geburtstag.
Sie kann es kaum erwarten.

Paul telefoniert. Paul fragt:
Wann ist Mama wieder gesund?

 Lest die Geschichten oben. Was
machst du, wenn du wartest?
Tauscht euch aus.

Ergänze folgende Sätze:
Im Advent sehe ich ...,
rieche ich ..., höre ich ...

Im Advent bereiten wir uns auf
Weihnachten, auf die Feier der
Geburt von Jesus vor.
Sammelt Ideen, wie ihr die Zeit
in der Klasse gestalten könnt.

Das Licht einer Kerze

T: Rolf Krenzer / M: Peter Janssens
© Peter Janssens Musik Verlag, Telgte

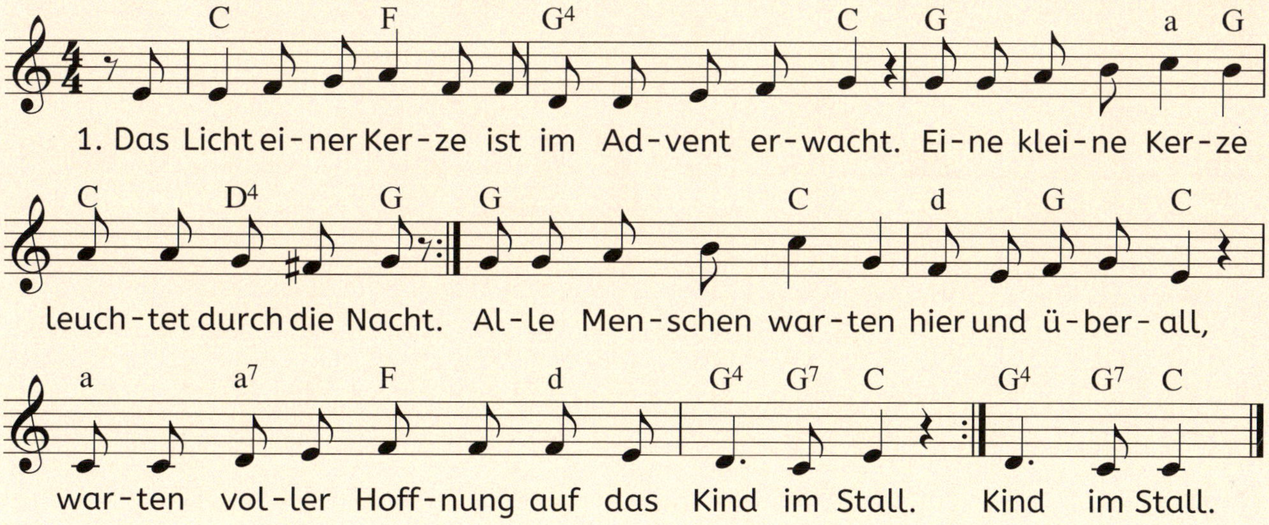

1. Das Licht ei-ner Ker-ze ist im Ad-vent er-wacht. Ei-ne klei-ne Ker-ze

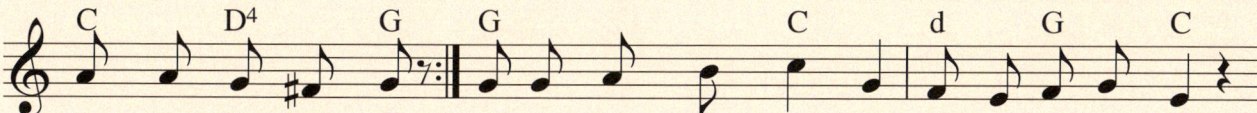

leuch-tet durch die Nacht. Al-le Men-schen war-ten hier und ü-ber-all,

war-ten vol-ler Hoff-nung auf das Kind im Stall. Kind im Stall.

Wir feiern an Weihnachten die Geburt Jesu

🔍 Entdecke auf dem Bild: Was gehört alles zu Weihnachten?

💬 Tauscht euch aus: Was findet ihr besonders wichtig?

💬 Erzählt: Wie feiert ihr Weihnachten zu Hause?

🔍 Lest die Erzählung von Jesu Geburt auf Seite 82.

Warum bekommen wir Geschenke? Eigentlich sollte Jesus Geschenke bekommen.

✋ Bastelt eine Krippe. Überlegt, was ihr dazu braucht.

👫 Singt Weihnachtslieder.

Die Sterndeuter suchen Jesus

Die Sterndeuter kommen von weit her. Sie suchen Jesus.
Sie haben seinen Stern gesehen und sind ihm gefolgt.
In Betlehem finden sie das Kind und seine Mutter.

Ihre Freude ist groß.
Sie fallen vor dem Kind nieder und beten es an.
Sie bringen ihm Geschenke: Gold, Weihrauch und Myrrhe.

Nach Matthäus 2,1–12

Gold ist wertvoll.   Weihrauch steigt zum Himmel.   Myrrhe heilt.

T/M: Hermann Melles
© Fidula-Verlag Holzmeister GmbH, Koblenz

Je - sus ist das Licht der Welt, das die Fins - ter - nis er – hellt.

Besprecht: Warum bringen die Sterndeuter diese Geschenke mit?

Schreibt Segenswünsche auf bunte Kärtchen. Hängt sie im Schulhaus auf.

Die Sternsinger gehen von Haus zu Haus. Sie singen und wünschen: „Christus segne dieses Haus!" Sie schreiben es mit Kreide an die Tür.

SEGEN ☀ BRINGEN
SEGEN SEIN

? Die Sternsinger wollen Not leidenden Kindern helfen. Erkundigt euch, wen sie in diesem Jahr unterstützen.

Ostern in der Kirche

Meine große Schwester Antonia war bei der Feier der Osternacht dabei. Sie erzählt:
Früh am Morgen, als alles noch dunkel ist, wird auf einem Platz vor der Kirche ein Feuer angezündet.
Viele Menschen stehen um das Feuer.
Der Priester entzündet eine große Osterkerze an dem Feuer.
Mit der brennenden Kerze zieht er in die dunkle Kirche ein.

Dabei singt er dreimal:
„Christus, das Licht."
Alle antworten:
„Dank sei Gott."
Zuerst zünden die Ministranten ihre Kerzen an der Osterkerze an. Sie geben das Licht von Bank zu Bank weiter.
So wird die Kirche immer mehr vom Schein der Kerzen erhellt.
Der Höhepunkt der Feier ist die Verkündigung:
„Jesus ist auferstanden!"

Eine freudige Nachricht breitet sich aus!

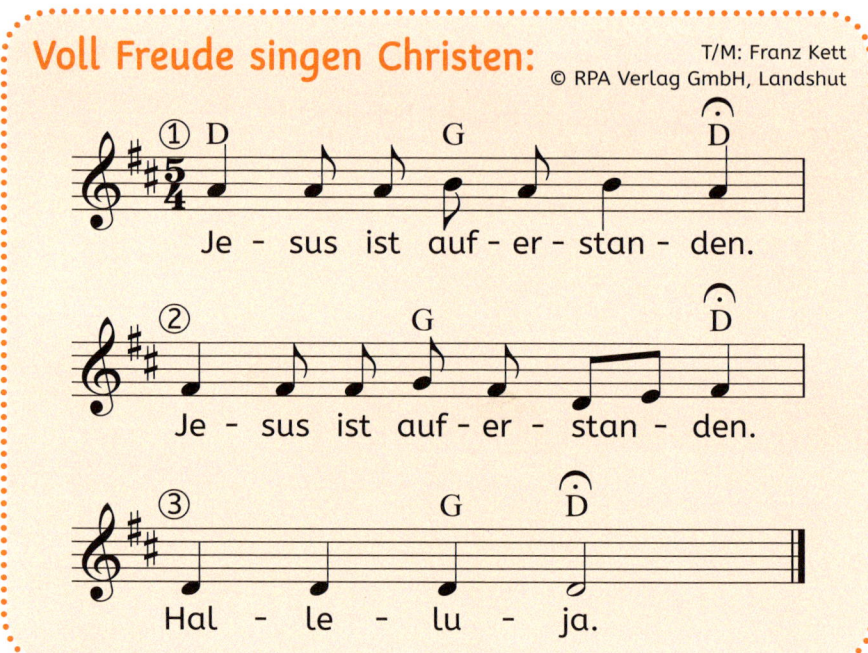

Voll Freude singen Christen:

T/M: Franz Kett
© RPA Verlag GmbH, Landshut

① Je - sus ist auf - er - stan - den.

② Je - sus ist auf - er - stan - den.

③ Hal - le - lu - ja.

💬 Sucht Wörter, die zu „Licht" passen.

✋ Male ein Bild, auf dem Dunkel und Hell zu sehen sind.

🕯 Verdunkelt das Klassenzimmer. Eine Kerze brennt. Jede und jeder bekommt eine Kerze. Gebt die Flamme von Kind zu Kind weiter, bis alle Kerzen brennen. Singt dabei: „Jesus ist auferstanden."

Ostern feiern

Ein Osterlied

T: Rolf Krenzer © Dagmar Krenzer-Domina (RN Rolf Krenzer) / M: Paul G. Walter, Rechte beim Urheber

1. Gro - ße Leu - te, klei - ne Leu - te fei - ern fröh - lich
Os - tern heu - te, weil vom To - de Je - su Christ
auf - er - stan- den, auf - er - stan- den, wirk- lich auf - er - stan- den ist.

Ihr könnt das gemeinsam mit evangelischen Kindern tun!

Betrachtet die Bilder. Erzählt, wie ihr das Osterfest feiert.

Tanzt das Lied. Sucht passende Bewegungen.

Plant ein Osterfrühstück. Überlegt, was ihr dazu braucht.

An Ostern feiern wir die
Auferstehung Jesu.
An Ostern feiern wir das Leben.
Es bleiben aber auch Fragen:

Lara:

„Jesus ist auferstanden.
Wo ist er jetzt?"

Rafki:

„War Jesus eigentlich wirklich tot?"

Elias:

„Meine Oma ist gestorben.
Wird sie auch auferstehen?"

Florian:

„Was wird sein, wenn man stirbt?"

Klara:

„Meine Mama sagt, an Ostern
feiern wir, dass Gott stärker ist
als der Tod."

⊃ Suche dir eine Frage aus. Bildet
Gruppen und findet Antworten.
✋ Gestalte ein Bild, das auf
Florians Frage eine Antwort gibt.
🔍 Erkundigt euch: Was bedeuten
die Symbole auf der Osterkerze?
✋ Gestaltet eine Osterkerze.
Welche Farben und Symbole
gehören für dich dazu?

🔍 In der Messe am Sonntag wird
die Osterkerze entzündet. Lest
auf Seite 134 nach, weshalb
die Osterkerze so wichtig ist.
⊃ Elias fragt, warum im
Trauergottesdienst für seine
Oma die Osterkerze angezündet
wurde. Was antwortet ihr Elias?
Tauscht euch aus.

Feste feiern

T: Michael Landgraf / M: Reinhard Horn
© Kontakte Musikverlag, Lippstadt

G   a   D⁷   G

Kehrvers Fes - te fei - ern Men - schen ü - ber - all.

G   a   D⁷   G

Fes - te fei - ern auf dem Er - den - ball.

e⁷   C   D⁷   G

1. Fes - te fei - ern, wenn ein Kind ge - bo - ren ist.

e⁷   C   D⁷   G

Fes - te fei - ern, wenn du er - wach - sen wirst.

e⁷   C   D⁷   G   H⁷

Fes - te fei - ern, wenn du Ge - burts - tag hast.

e   C   D⁷   G

Fes - te fei - ern, auch am Hoch - zeits - tag.

 Stellt eine Liste auf, wann wir Feste feiern.
Überlegt, warum wir diese Feste feiern.

Dichtet weitere Strophen zum Lied.

Tauscht euch darüber aus, wie ihr am liebsten ein Fest feiert.

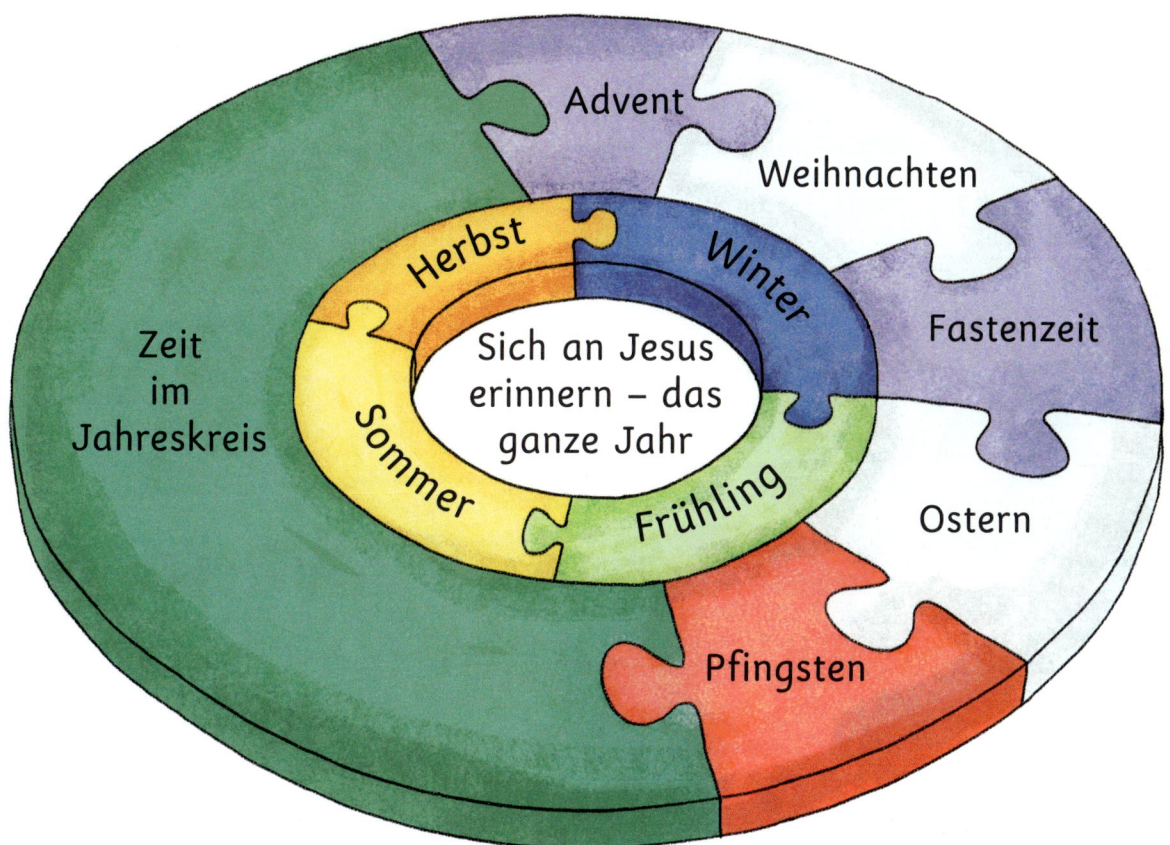

Vor Weihnachten und Ostern gibt es Zeiten der Vorbereitung. Überlegt: Was ist das Besondere an der Zeit vor Ostern, an der Zeit vor Weihnachten?

Male zu einem Fest im Kirchenjahr ein Bild. Wähle passende Farben und Formen.

Suche auf dem Bild auf Seite 125 Farben und Formen, die zu den Festen im Kirchenjahr passen.

Erntedank, Karfreitag, Martin, Nikolaus – schreibt diese Feste auf Kärtchen und legt sie an die richtige Stelle im Kirchenjahr.

Ich bin gefragt

- Das habe ich verstanden und neu gelernt.
- Das hat mir besonders gut gefallen.
- Dazu möchte ich noch mehr wissen oder etwas gestalten.

Wie die Menschen

Getreide
Mehl
Lamm
Koriander
Salz
Datteln
Feigen

Meine erste Kinderbibel

? Welche Menschen aus der Bibel kennt ihr schon? Erzählt von ihnen.

🔍 Beschreibe: Wie haben die Menschen zur Zeit der Bibel gelebt?

◯ Vergleiche damit, wie du lebst.

✋ Bringt eure Kinderbibeln mit.
Stellt sie einander vor.
Zeigt eure Lieblingsgeschichte.

❓ Fragt nach, wo in eurer Nähe ein
Bibelgarten oder ein Bibelhaus
ist, das ihr besuchen könnt.

Betrachte das Bild. Welche Geschichten kennst du?

Finde Geschichten zu diesen Überschriften:
- Menschen erleben eine große Freude.
- Menschen sind unterwegs.
- Menschen haben Angst.
- Menschen vertrauen auf Gott.

Wähle eine Geschichte. Erzähle, schreibe oder male, was dir daran wichtig ist. Was erfährst du über Gott?

Lass eine Person aus der Geschichte sprechen.

So könnt ihr miteinander arbeiten

- Alle dürfen ihre Meinung sagen.
- Niemand wird ausgelacht.
- Sprecht nacheinander.
- Hört einander aufmerksam zu.

- Lest die Arbeitsaufträge genau.
- Besprecht sie. Klärt eure Fragen.
- Verteilt die Aufgaben.
- Beachtet, wie viel Arbeitszeit ihr habt.
- Notiert eure Ergebnisse.
- Bestimmt, wer die Ergebnisse vorträgt.

- Besprecht: „Wie haben wir miteinander gearbeitet?"

So könnt ihr ein Thema bearbeiten

Ideensammlung

- Schreibt in die Mitte ein wichtiges Wort.
- Findet weitere Wörter, die dazu passen.
- Verbindet die Wörter miteinander.

Mit Bildern arbeiten

- Befrage eine Person auf dem Bild.
- Stellt Personen auf dem Bild nach.
- Überlege: Wo möchtest du im Bild sein?
- Findet zum Bild eine Überschrift.

Mit Geschichten arbeiten

- Erzähle die Geschichte nach.
- Lasst eine Person aus der Geschichte sprechen.
- Begleitet die Geschichte mit Instrumenten.

Bodenbild

- Sucht euch Material aus: Tücher, Dinge aus der Natur, farbige Holz- und Glasteile ...
- Legt damit ein Bild zu einer Geschichte, einem Fest.

Reißbild

- Reiße aus buntem Papier Motive oder Schnipsel.
- Klebe diese auf Tonpapier und gestalte ein Bild, das zu deinem Thema passt.

Mit Knotenfiguren erzählen

- Du brauchst für jede Figur ein Tuch.
- Knüpfe für den Kopf einen Knoten in die Mitte.
- Stecke einen oder zwei Finger in den Knoten.
- Zupfe den übrigen Stoff zu einem Gewand zurecht.
- Erzähle die Geschichte und lass die Figuren dabei sprechen.

Collage

- Sammelt zu einem Thema Bilder, Fotos und anderes Material.
- Ordnet die Teile so, dass eure Gedanken sichtbar werden.
- Klebt alles auf einen passenden Hintergrund.

Lapbook

- Du brauchst eine Mappe aus Karton, die du mehrfach aufklappen kannst.
- Auf die Klappen klebst, schreibst oder malst du alles, was dir zu einem Thema wichtig ist.

Ohne Worte spielen

- Besprecht, wie ihr eine Szene nur mit dem Gesicht und dem Körper darstellen könnt.
- Spielt die Situation ohne Worte.
- Andere Mitschüler raten, was dargestellt wurde, und erzählen mit Worten.

Minibuch

- Falte aus einem Blatt Papier ein kleines Buch mit 8 Seiten.
- Gestalte das Deckblatt mit einer Überschrift.
- Male oder schreibe auf den drei Doppelseiten, was dir an einem Thema wichtig ist.

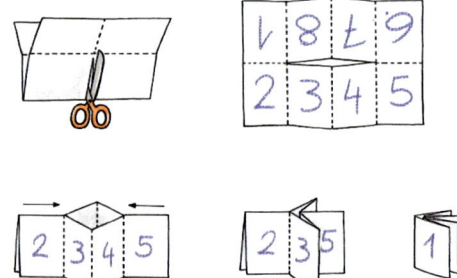

Standbild

- Sucht aus einer Geschichte eine Szene aus.
- Verteilt die Rollen.
- Zeige mit dem Körper, was deine Person fühlt oder tut.
- Bleibt für einen Moment ganz ruhig stehen.
- Tauscht euch aus: „So ging es mir in meiner Rolle."

So könnt ihr ein Thema abschließen

Blitzlicht
- Kommt im Kreis zusammen.
- Reihum sagen alle ganz kurz ihre Meinung zum Thema.
- Die anderen hören nur zu.

Quiz
- Denkt euch Fragen und Rätsel zum Thema aus.
- Ihr könnt in Gruppen gegeneinander spielen.

Ausstellung
- Sammelt die Bilder, Texte oder Gegenstände, die bei einem Thema entstanden sind.
- Bereitet eine Ausstellung vor.
- Ladet Gäste ein und macht eine Führung.

Gefühle klingen lassen
- Suche dir ein Instrument.
- Drücke damit aus, wie es dir jetzt geht.

Abstimmungsampel
Bereitet für alle Schülerinnen und Schüler eine rote, gelbe und grüne Karte vor.
- Grün bedeutet: „Ja. Ich stimme zu."
  Gelb bedeutet: „Vielleicht. Ich kann mich nicht entscheiden."
  Rot bedeutet: „Nein. Ich stimme nicht zu."
- Stimmt nun zu einer Frage mit den Farbkarten ab.
- Notiert von jeder Farbe die Anzahl der hochgehaltenen Karten.

Feder und Stein
- Welche Gefühle und Ideen löst das Thema bei dir aus?
- Lege einen Stein für etwas, das du traurig oder schwierig findest.
- Lege eine Feder für etwas, das dich froh macht oder tröstet.

Quellenverzeichnis

Bilder

3 Gerrit van Honthorst (1592–1656), Die Anbetung der Hirten, 1622, Öl auf Leinwand, 164 × 190 cm, Wallraff Richartz Museum, Köln, Foto: akg-images

6 i. UZS: Swetlana Wall – Fotolia; Ludwig Rendle, Oberroth; some.oner – Fotolia; ankiro – Fotolia; womue – Fotolia

7 sergey02 – Fotolia

10 Verheißung an Abraham. Miniatur aus der „Wiener Genesis", um 570 in Antiochien entstanden. Cod. theol. graec. 31, pag. 8/ÖNB, Wien; Rita Frind, Jesus und die Kinder, in: Die Bibel für den Unterricht, ausgewählt und erläutert von Josef Quadflieg, Bilder von Rita Frind © 2013 Oldenbourg Schulbuchverlag GmbH, München

11 contrastwerkstatt – Fotolia; © 2015 KNA, www.kna-bild.de; Margaretha Pawlischek, München; Margaretha Pawlischek, München; Lena Reiher – Bonifatiuswerk; J.M. Soedher – Fotolia

13 Carola Vahldiek – Fotolia

21 Andreas Gursky (*1955), Rhein II, 1999, digital bearbeitete Fotografie, 185,4 × 363,5 cm, © Andreas Gursky/VG Bild-Kunst, Bonn 2017, Courtesy Sprüth Magers, Foto: Agentur Bridgeman

24 NJ – Fotolia

27 © Nico Schmidt – Fotofinder/Freelens Pool; Pixtal/WE050737 – All mauritius images; ddp images; EpicstockMedia – Fotolia; Andreas Rodriguez – Fotolia; Sebastian Kaulitzki – Fotolia; Kletr – Fotolia; micromonkey – Fotolia; by paul – Fotolia

31 Rupprecht Geiger (1908–2009), 687/72 (1972), Öl auf Leinwand, 200 × 205 cm, Diözesanmuseum Freising, © VG Bild-Kunst, Bonn 2017, Foto: Carola Wicenti

35 re.o.: Jakob Stahl, Spraitbach; li.u.: Archiv Lothar Kuld

39 Verheißung an Abraham. Miniatur aus der „Wiener Genesis", um 570 in Antiochien entstanden. Cod. theol. graec. 31, pag. 8/ÖNB, Wien

40 Westend61/Nico Hermann – All mauritius images; imago/MITO; Blend Images/Karin Dreyer – All mauritius images; Your Photo Today – A1Pix

42 imagebroker.com – Glow Images

45 Marc Chagall (1887–1985), Abraham empfängt die drei Engel, Entwurf für die Chagall-Bibel (40 Motive), 1931, Gouache, 62,5 × 49 cm, Inventar-Nr.: MBMC26 © VG Bild-Kunst, Bonn 2017, Foto: RMN – Grand Palais/Adrien Didierjean – bpk

47 Ernst Alt (1935–2013), Der träumende Josef im bunten Gewand, 2000

49 Ernst Alt (1935–2013), Josef in der Zisterne, 1982

51 Ernst Alt (1935–2013), Josef als Verwalter von Ägypten, 1991

53 Ernst Alt (1935–2013), Wiedersehen und Versöhnung, 2000

57 Pablo Picasso (1881–1973), Die Sardana des Friedens (typischer Kreistanz in Katalonien), 1959 © Succession Picasso/VG Bild-Kunst, Bonn 2017, Foto: Privatsammlung/Foto © Christie's Images/Brigdeman Images

61 Ingolf Pompe – Look Bildagentur

63 Rita Frind, Jesus und die Kinder, in: Die Bibel für den Unterricht, ausgewählt und erläutert von Josef Quadflieg, Bilder von Rita Frind © 2013, Oldenbourg Schulbuchverlag GmbH, München

68 Devotionale von Abt Ulrich Rösch von St. Gallen: Jesus heilt den Taubstummen, Einsiedeln, Stiftsbibliothek, Cod. 285(1106), p. 139 (www.e-codices.unifr.ch) © Kloster Einsiedeln, Stiftsbibliothek

69 Maike Gloeckner – epd-Bild; Art Directors & TRIP – All mauritius images; Milena Boniek – laif; Colourbox; Sigrid Olsson – laif

72 Ute Lakner, Durlangen

75 Erschaffung des Adam (ca. 1194–1230), Kathedrale von Chartres, Nordportal, 13. Jh., Foto: Helge Burggrabe, Fischerhude

76 Monkey Business Images – Shutterstock; Ocskay Bence – Fotolia; jörn buchheim – Fotolia; Kinderfilm GmbH (Anke Neugebauer)

81 George Rouault (1871–1958), Haupt Christi, c. 1937, Öl auf Leinwand, 104,8 × 75 cm, The Cleveland Museum of Art, Schenkung des Hanna Fund 1950.399 © VG Bild-Kunst, Bonn 2017

83 Gerrit van Honthorst (1592–1656), Die Anbetung der Hirten, 1622, Öl auf Leinwand, 164 × 190 cm, Wallraff Richartz Museum, Köln, Foto: akg-images

87 Simon Ushakov (1626–1686), Das letzte Abendmahl, 1685, Ikone, 44 × 61 cm, Foto: akg images

88/89 Gerd von Stokar, Kreuzweg, Stationen I, III und XI; 1986, St. Simpert, Augsburg, Kath. Pfarramt Augsburg/Foto: Pfarrer Georg Birkle

91 Christel Holl, Das Grab ist leer, 2010, in: Religionspädagogische Praxis 2012/1, Bildermappe, Seite 13 © Religionspädagogische Arbeitshilfen GmbH, Landshut, www.rpa-verlag.de

92 Birgit Deckert-Rudolph, Waldstetten

93 Karl-Ulrich Nuss (*1943), Darstellung des Hl. Martin, 2008, Skulptur in Rottenburg am Neckar, Foto: © Wolfgang Schmidt, Ammerbuch

95 Foto: © Mario Andreya, bereitgestellt durch die Bundesgeschäftsstelle Jugendrotkreuz; Thomas Frey/imageBroker – All mauritius images; Christian Klenk, Eichstätt; imagebroker.com – Glow Images

97 Jungfrauenlegende, Fresko des Meisters der Georgslegende, Ende 14. Jahrhundert, Schenna, Südtirol, St. Georg, Foto: Bahnmüller – INTERFOTO

98 Giotto (1267–1337), Die Lossagung vom Vater, Ende 13. Jh., Fresko in der Basilika San Francesco, Langhaus, Assisi, Foto: Alinari/Ghigo Roli – INTERFOTO

99 Maestro di Santa Chiara, Tafel-Ikone der Klara von Assisi, Ausschnitt, 1283, Kirche Santa Chiara, Assisi, Foto: Toni Schneiders – INTERFOTO

100 Karl-Heinz Hänel – INTERFOTO

101 Elisabeth speist einen Hungernden, Elisabeth-Zyklus, um 1420, Lübeck, Foto: Heiligen-Geist-Hospital, Lübeck

103 Friedensreich Hundertwasser (1928–2000), (899) Bärnbacher Andacht, 1987, 46 × 40 cm, mehrfarbige Radierung, © 2016 Namida AG, Glarus, Schweiz

108 Christian Klenk, Eichstätt

110/111 Manfred Koch, Bischberg

112 Hintergrund: Colourbox; Wolfilser – Fotolia; Arnaud Spani/hemis.fr – laif; UIG – imago; Colourbox

114 ddp images/robertharding/GODONG

115 Nikolaj Thon, Dortmund; Christian Klenk, Eichstätt; Sebastian Willnow – epd

116 Imagebroker/F1 online

117 Annette Bartusch-Goger, Religion weltweit – mit Verständnis und Toleranz, 2016, Aquarell mit Tusche, 30 × 40 cm, © Annette Bartusch-Goger

121 Antonia Schlesinger, Ettlingen; David H. Wells – davidwells.com; Harald Opitz – KNA-Bild

122 Herbert Baum, Frankenthal; don 57 – Fotolia; imago sportfotodienst

125 Robert Delaunay (1885–1941), Formes circulaires, Soleil No. 1 (Kreisformen, Sonne Nr. 1), 1912/13, Wilhelm-Hack-Museum Ludwigshafen am Rhein, Inv Nr. 458/7, Foto: akg-images

133 Regina Speck, Karlsruhe; ZB – dpa Picture Alliance, Ulrich Baumgarten – dpa Picture Alliance, © Kindermissionswerk ‚Die Sternsinger' www.sternsinger.de

135 Foto Winkler, Bad Endorf; ThamKC – Shutterstock

136 RoHa-Fotothek Fürmann – SZ Photo; Dmytro Vietrov – Shutterstock

137 Stefan Gräf – Fotolia

142 Universal Images Group/Pascale Deloche/GODONG – akg-images; Zvonimir Atletic – Shutterstock

Texte

7 Michael Ende, Momo, Thienemann Verlag, Stuttgart 1973

33 Günther Weber, Was wir nicht messen und nicht zählen können, in: RU heute 2/2003

50 „Sieben schöne fette Kühe" in: Ruth und Otto Wullschleger, Die Josephsgeschichte, Verlag Ernst Kaufmann, Lahr 1972

62 Reiner Kunze, Wohin der Schlaf sich schlafen legt, © S. Fischer Verlag, Frankfurt am Main 1991

92 Inspiriert von dem Liedtext „Da kannst du Osterspuren finden" von Reinhard Bäcker (1940–2003)

96 Max Bolliger, Was du teilen kannst, in: Weißt du, warum wir lachen und weinen? Verlag Ernst Kaufmann, Lahr 1977

102 Hans-Jürgen Netz: Durch dich hat der Himmel den Armen umarmt, Liedtext © Kontakte Musikverlag, Lippstadt

124 Frei nach Karlhans Frank, Du und ich, in: Karlhans Frank: Vom Dach die Schornsteinfeger grüßen mit Taucherflossen an den Füßen, Franz Schneider Verlag, München 1987